# 八节课成为学习高手

资深教师
亲测有效的
自主学习法

周　玲◎著

法律出版社 LAW PRESS·CHINA
北京

**图书在版编目(CIP)数据**

八节课成为学习高手：资深教师亲测有效的自主学习法 / 周玲著. -- 北京：法律出版社，2024
ISBN 978 - 7 - 5197 - 8788 - 2

Ⅰ. ①八… Ⅱ. ①周… Ⅲ. ①中小学—学习方法
Ⅳ. ①G632.46

中国国家版本馆 CIP 数据核字（2024）第 026372 号

**八节课成为学习高手**
——资深教师亲测有效的自主学习法
**BA JIE KE CHENGWEI XUEXI GAOSHOU**
—ZISHEN JIAOSHI QINCE YOUXIAO DE ZIZHU XUEXI FA

周 玲 著

策划编辑 张 岩
责任编辑 程鹏瑶
装帧设计 李 瞻

**出版发行** 法律出版社
**编辑统筹** 重大项目办公室
**责任校对** 张翼羽
**责任印制** 吕亚莉
**经　　销** 新华书店

**开本** 880 毫米×1230 毫米 1/32
**印张** 7　**字数** 86 千
**版本** 2024 年 6 月第 1 版
**印次** 2024 年 6 月第 1 次印刷
**印刷** 三河市龙大印装有限公司

地址：北京市丰台区莲花池西里 7 号(100073)
网址：www.lawpress.com.cn
投稿邮箱：info@lawpress.com.cn
举报盗版邮箱：jbwq@lawpress.com.cn

销售电话：010 - 83938349
客服电话：010 - 83938350
咨询电话：010 - 63939796



**书号**：ISBN 978 - 7 - 5197 - 8788 - 2　**定价**：49.80 元
凡购买本社图书，如有印装错误，我社负责退换。电话：010 - 83938349

# 学习是讲究方法的

至今，我在一线从教20余年，接触众多家长，在和他们的交流中，家长们问得最多的一个问题是：有什么好的方法能让孩子自主学习？每次被问及此，我都滔滔不绝地告诉他们做什么及如何做，从家长和孩子的反馈来看，学生收益良多。就这样，我零零碎碎地讲了20多年，直到有一天，一个家长朋友跟我说：“周老师，您这些方法这么好，为什么不写下来让更多的孩子受益？”这就是我写作本书最初的动力，这本书的内容也源于之前这些“分享”。

20余年和孩子接触中，我看见了一些孩子因为不得法而学得很累，甚至全家都很累。深入观察孩子，我发现有的孩子并不是不努力，而是努力了效果不好，没有收到令自己满意的效果；还有一些孩子，低年级的时候学习还可以，越往高年级，学得越费劲，甚至有掉队的。在我自己成为家长后，更加深刻地理解了家长的迫切愿望，让孩子习得一些关键的方法进行自主学习是多么重要。当然，我确实也不想让孩子一味刷题。实践中，我们也发现，靠“玩命”刷题并不能从容地应对当今的考试，因为考试越来越趋向于对能力素养的考查。作为老师，我希望孩子基础过硬，能够经得起眼下的“考验”，能够在学业上有大的长进，也有足够的能力应对未来的“大考”。

在长期实践中，我发现有一些关键方法可以让小学生轻松一点就能学得好。荀子《劝学》中说：“吾尝终日而思矣，不如须臾之所学也。吾尝跂而望矣，不如登高之博见也。登高而招，臂非加长也，而见者远；顺风而呼，声非加疾也，而闻者彰。假舆马者，非利足也，而致千里；假舟楫者，非能水也，而绝江河。君子生非异也，善假于物也。”意思是“我”曾经整天思索，不如片刻学到的知识多。“我”曾经踮脚费力远望，却不如登高处看得广阔。登高招手，胳膊还是一样长，可别人远远就能看见；顺风呼喊，声音一样大，可听的人在远处就能听清。用车马赶路可以达到千里之外；不善游泳的人借助船可以横渡江河。高明的人之所以高明，是因为他们善于借助外物。其实，“善假外物”的实质就是掌握方法。对于学生而言，适当的学习方法就是“利器”。我在观察学生的过程中发现，有些孩子确实就是借助适当的方法轻松前行。我越来越觉得可以将学生实践得出的一些好方法记录下来，让他们在学习上少走弯路，为他们的将来打好基础。

本书介绍的八种方法都是经过我的学生实践检验的高效的方法。其中，思考学习法、概括学习法和比较学习法是倾向于能力提升的不可或缺的学习方法；而笔记学习法、整本书预习法、故事学习法、分享式学习法和任务学习法是关于学习习惯的学习方法。

每一种学习方法不是停留于口头的“空说”，而是从“熟悉的场景”引领读者去思考问题，再用高效方法解决问题，一步一步地进行。本书也是我和孩子一起成长的实践之作，在长期和孩子接触的过程中，我充分了解到孩子容易“卡壳”的地方以及如何做就能解决这些“卡壳”问题。本书以孩子视角，引导孩子认识“卡壳”的关键原因，通过高效的学习方法，从而提升学业。本书也是一本实操之作，通过一系列的教学实践例子，启发学生思考，呈现可以一步一步操作的方法，让学生知道要做什么。

现今我国考试更加重视考查学生的素养能力。本书的学习方法就是针对提升学生的这些素养与能力。书中的学习方法重在早点养成，至于哪种方法是五年级的，哪种方法是三年级的，并没有明确的界限。因为本书帮助学生“剥离”出的是思考问题的角度和方向，是通用的方法。如果孩子是一年级，从今天开始，在家长的帮助下，有目的地掌握这些方法，将有助于孩子养成一系列的好习惯，更早地实现完全自主学习；如果孩子已经六年级，他可以独立学习运用这些方法，经过一段时间的努力，相信孩子在上初中之前能将这些方法掌握。作为家长，您完全可以和孩子一起阅读本书，以这种方式“陪伴”孩子是一种非常棒的选择，我自己有一段时间就是这样做的，效果很好。

本书中八种关键学习方法，可以帮助孩子节省很多低效辅导与无效刷题的时间。习得这些方法的过程，是孩子走向自主学习的过程；实践这些方法的过程，就是孩子素养提升的过程。希望本书介绍的方法，能让各位读者早一点把准“航向”，在学习道路上少走弯路。

周玲

于太阳园

# 目录 *Contents*

## 基础篇

## 提高篇

## 拓展篇

1
Part

# 基础篇

# 第一课
# 思考学习法

表达法

故事法

思考帽法

布鲁姆层次法

“大问题”讨论法

## 思考学习法

《中庸》认为学习有“博学”“审问”“慎思”“明辨”“笃行”的过程，其中“慎思”要求把知识与实际生活相结合，不断思考，形成自己的知识体系并促进自我思想的成长。本章中，思考学习法即学习者根据已有知识（条件）迅速结合自身经验，沿着正确的方向思考，在保证方向（思路）正确的基础上，让接下来的学习更顺畅。

# 下笔就错：多是思考惹的祸

## 作文总是跑题之痛

“老师，老师，您快来看，今天的作文是我的拿手好戏……”我们班一个学生迫不及待地和我分享（见图 1.1）他刚完成的“大作”，因为他说非常喜欢看《西游记》，而这一次的作文刚好可以把他对孙悟空的这

图 1.1　作文分享

种喜欢“倾诉”出来。我看后知道他肯定非常喜欢孙悟空，《西游记》电视剧也看得非常认真，可是作文思考的角度有问题。他是这样写的：

## 我和孙悟空的故事

《西游记》是我最喜欢看的电视剧。《西游记》中“三打白骨精”的故事特别好看，讲的是孙悟空一行多次前往白骨洞，最终消灭白骨精。第一次去时，孙悟空变成一个老僧人，他前往白骨洞试探，试图吓唬白骨精放下屠刀，但白骨精并没有被吓到，反而想要吃了孙悟空，然而白骨精最终被孙悟空打败后灰溜溜逃跑。第二次，孙悟空不是一个人去的，他和猪八戒一同前往白骨洞，想消灭白骨精。这时白骨精变成了一个美丽女人，猪八戒就上当了，因为它喜欢美丽的女人，结果被白骨精抓住。孙悟空救出猪八戒，结果白骨精又逃跑了。第三次，唐僧和孙悟空一起去白骨洞，成功消灭了白骨精。这个故事我看了很多遍。

我和孙悟空一起度过了童年，感谢孙悟空带给我快乐的童年。

写作首先是“审题”不能出错。说得直白一点就是思考方向不能出错。思考方向一旦出错，即使写得很生动，也不会是一类作文。这个同学在作文表达方面，其语言和描写的基本功不错，但是，就这个题目，他的作文不能算一类作文。该同学的主要问题是思考方向不对。“我和______的故事”这样一个题目（因为作文是不会限制规定具体到孙悟空这个人的），孩子如果选择“孙悟空”，就不是一个很好的决定，孙悟空是故事里的一个人物，对于一般小学生而言，很难与故事里的人物形象建立联系，学生选了这个题目，基本就是跑题的作文了。正如我们看到以上作文写的是孙悟空和妖精的故事，并不是学生自己和孙悟空的故事。生活中有很多人或物，能非常好地阐述你和他

（她或它）之间的故事，为什么不选呢？你可以选择“我和妈妈的故事”，只要阐述好发生的一件事就可以啦；你也可以选择“我和小猫的故事”，这也非常好写，只要叙述你和小猫一起玩耍的场面或者你和小猫之间发生的一件事情即可。

半命题作文审题时应该从“熟悉”处着手。所谓半命题作文，是作文题目只出现一部分，另一部分由学生自己去补充的一种作文题型，以上“我和______的故事”就属于半命题作文。写好半命题作文，首先要分析题目中已有文字部分所表达的意思，然后细读提示中对空白处的要求和限制，再根据提示展开联想，搜寻最适合写的材料。你头脑中要搜寻身边一个个熟悉的场景、熟悉的物品……比如你养的小动物，你日常接触的物品，如台灯、操场的滑梯、篮球等，因为你和这些熟悉的“伙伴”是有很多活生生的故事的，这样你在写作的过程中就“有话可说”。

半命题作文审题时应该从“小”处着手。如“致敬______”，审题解读这个题目的关键词“致敬”，致敬是精神上的敬佩尊重。那么，致敬谁呢？这个题目如果你选“中国人”，当然，从理论上也是可以的，但是，亲爱的同学们，一篇四百字左右的作文，你如何表达清楚对泱泱大国那么多人的爱？因此，“致敬中国人”不是不可以写，而是你稍不留神就可能跑题。或者你选了一个看上去特别“高大上”的题材，但是你的作文只是把电视上天天说的那些话重复一遍而已，因为你离那些抽象的主体太远，只能“默背”那些拼凑的“空话”，别人一看就知道那不是你的东西。你为什么不选身边熟悉的人呢，越具体越好，比如选你的老师，一般不会跑题，只要写清楚为什么向他致敬就可以了。因此，当你审题时，要从“小处”着手，然后落笔，这样便于你写作，也不容易“跑题”。

## 看不懂数学题目之困

一个学生在考试中跑过来问我：什么是日历？这

是学习数学中的周期问题时涉及的一个概念，这种读不懂，只能靠平时多关注生活或多阅读解决。积累在每个学科中都非常重要。今天我们主要讨论的不是如何去积累，我们重点讨论的是数学思维。

数学学习中的思考，需要找出题目中的题眼和关键词。具体地说，思考题目中给出的信息包含哪些解题条件；思考这些已知条件与所求问题之间是什么关系；出题目的人想考查你哪方面的信息。首先，把所呈现的信息(题目中找到的已知条件)简要列在纸上，就是把文字的信息模型最终转换为草稿纸上的一个数学模型。然后，思考已知条件与所求问题之间有一座什么样的“桥”。这一点非常重要，你不要指望由条件直接得出结论，那种情况是非常少的，你必须要找到解题的“桥”，才能“过河”。

可以肯定的是，学得好必须要思路清晰。思路清晰的学生分两类：一类学生是能够看懂题的，他们能把题目的逻辑关系复述出来，虽然对于一些确实很难的题目，他们不一定立刻能做出来，但是他们在面对题目的时候，能找到已知条件和所求问题的关系并尝试解决问题。另一类学生，他们拿到题目，似乎没有过多思考，很快就列出式子。你可能认为他拿到题目就下笔，没有老师所讲的思考逻辑关系的过程。这是你误解了，你觉得没有思考的同学，实际上他的思维是清晰的，只是他在自己头脑中建立知识逻辑思维图的过程非常迅速，而且思考结果留在他的头脑中，没有呈现在纸上。

我们拿到某道数学题时，一定要思考题目的关系，尝试在头脑中“画图”。当然，孩子，你一开始这样做的时候可能会觉得慢一些，因为你还不习惯，坚持一下就好了。有一些老师，热衷于教你死记硬背各种公式，实际上从长期来看这样的效果并不好。因为公式是固定的，题目是变化的，每一道题都有它内在的逻辑关系，只有梳理清楚题目中的逻辑主线，并在头脑中“画图”，题目才能迎刃而解，你自然就不怕考试中出现各种变型考查题目。

## 思考“牵”着我们走对方向

回答一个问题如果没有条理性，东说一点西说一点，不仅自己答到最后不知道要说什么，别人更不懂你要说什么。如何思考？这就需要方法和时间学习思考，锻炼思考力，增强判断事物本质的能力。我们可以在本章节中学习思考、实践思考，进而选择自己要如何思考。我们仍然以写作文为例，作文题目是《一个善解人意的老师》，当你看到这个题目之后，应该想到要围绕“善解人意”去写，选择 2~3 件与善解人意相关的事情进行写作。可是有的同学写了几件与表现老师的善解人意毫无关联的事。就此题目如何思考呢？你可以在头脑中分出条目，例如，老师对学生如何善解人意，对同事如何善解人意。经过这样的思考，你写出来的作文会条理清晰。好的思考方法能帮助我们捋清思路，便于解决问题，以下介绍一些更具体的思考方法。

## 方法指导：思考导向法

### 【具体方法 1】表达法：表达出思想是第一步

你的一个想法就是一个“创意”，如“游戏日”创意（见图 1.2）。周老师有三个特别喜欢读书的学生，

图 1.2　“游戏日”创意

他们说：“如果我们自己用书做成‘书窝’，然后能自由地坐在‘书窝’里面读书，那一定很有意思！”这个想法得到了老师的支持，于是，他们在老师的帮助下，在世界读书日这一天，举办了属于他们自己的“书窝日”。后来，同学们创造了“游戏日”“帽子日”“义卖日”等很多有意思的节日。

表达出思想是第一步，说出你的思考能让他人更好地理解你。学校给学生熬绿豆汤，有个学生用一个1升的瓶子打满喝完，接着又打一瓶。后面的同学心生不满。我看到这一幕，没有立刻批评打汤的学生，而是带他到操场谈心，我问他要那么多绿豆汤做什么，他说：“我给我妈带一瓶，我妈每天给我熬绿豆汤，在厨房热得满头大汗，我带一些回家给她喝，她就省得熬了。”孩子朴实的话语感动了我，我在夸赞他体谅父母的同时，告诉他应该有公德意识，学会全面思考问题。这个孩子真的非常懂事，在以后的日子里，他不仅能做到孝敬父母，也能把其他问题综合起来去处理。

有时候思考就仿佛在“找茬”，好思考需建立在有理有据的基础上。上课时，我发现有学生在玩橡皮，我对全班同学说：“老师站在讲台上讲课，大家听课的效果是不一样的。我们不妨先来做个游戏：左手画圆，右手画方，大家能办到吗？”台下的同学们跃跃欲试，但是觉得有困难。我接着说：“是啊，假如一个人一边听讲，一边玩别的东西，那么他听讲的效果肯定大打折扣，大家应该知道《小猫钓鱼》的故事吧！”说到这，一个同学说：“老师，金庸笔下有一个老顽童周伯通，他有一手独创的绝活‘左右互搏术’，左右手可以同时打出不同的招式来，比如左手太极拳，右手八卦掌，使对手难以招架，只能落荒而逃。所以他的武功能够独步天下，江湖闻名。”一石激起千层浪，又有同学站起来说，“我爸开车到弯路的时候，就是‘一心二用’，眼看前方，根据需要打方向盘，转过弯道到直路，又要根据需要去踩油门”。“老师，我可以边讲故事边表演魔术，边看电视边吃晚饭，边背诵英语字母表边以躯体动作做模拟字形表演……”

等大家安静后，我说：“同学们，一心二用，归根结底是如何有效分配注意力的问题。一心不可二用在普遍意义上有它的道理，同学们刚才举的这些例子也同样有其存在的理由，但这些一心二用（注意力的分配）的发生有两个条件。第一个条件是：同时从事的两种事情中至少有一种事情是我们相当熟练的。第二个条件是：我们同时从事的多种活动应当有一定的联系。比如你难以做到一边用餐一边背书。另外，同学们，注意力的分配和注意力的分散是不同的。比如，在老师讲课时，有的同学玩橡皮，分散了注意力，不能专心听课。而注意力的分配是为了完成任务而对不同事情给予不同程度的注意力，只有这样才能有效地完成任务。我们要避免注意力的分散，而要把注意力的分配调节好。”孩子们听了我的解释后恍然大悟，这种“找茬”多多益善。

## 【具体方法 2】故事法：探寻故事养成习惯

我们都对故事阅读乐此不疲。阅读故事是激发孩子思考的很好方式，能够帮助孩子养成思考的习惯。家长可以参与孩子的故事阅读，给他们讲解并提问；如果孩子大了，有能力独立阅读故事，则只需要调动或激发他自主思考的愿望即可。无论前者还是后者，都会助力孩子思考得更缜密。

### 1. 有头无尾法

低年级的同学需要邀请家长一起来探寻故事。我和儿子一起读《石头汤》，我对他说："平时妈妈给你做汤，有肉汤、骨头汤，还有玉米汤，你想想妈妈还可以做什么汤？"儿子转了转眼珠，一连说了很多种。我接着说："有三个士兵疲惫地走在一条陌生的乡村路上，他们是在打完仗返回家的路上，又累又饿，累得都走不动路了，他们已经两天没吃东西了，当三个士兵快到一个村庄时，村民开始忙了。村民知道士兵肯定很饿，所以家家户户都把可以吃的东西藏起来，比如把大麦藏在阁楼上，牛奶桶沉到井里，肉挂在地窖里。三个士兵挨家挨户想要一点吃的，还希望能在阁楼借宿，可是村民们都说没有食物，很多人还努力装出饿坏了的样子，这是一场斗智的较量。饥肠辘辘的士兵们被逼出了一个绝招，他们向村民们宣布，要用石头做一锅汤……”儿子觉得不可思议，迫不及待地说：“妈妈，后来他们是真的喝了这锅石头汤了吗？”我若无其事地说：“你可以自己去看书呀！”我儿子这下是一路“飞奔”到书架，挑出了《石头汤》埋头读起来。

### 2. 提问思考法

提问是我们必须要养成的一个好习惯。《神奇的汉字》一课，有学生阅读“仓颉造字”后提问：“文字究竟是谁发明的？”又有学生自己提出了假设：“如果不是仓颉造的，那是谁造的？而为什么造字的人没有留下名字呢？”学生在探究这个问题的过程中，又会有新的疑问：“他们是根据什么把汉字造成这个样子的呢？为什么‘楚’不是‘一’呢？”学生在独立思考后会探究这些问题，这样的思考是促进学习深入的过程。另外，学生看到“天”和“人”的甲骨文发现，“天”和“人”的甲骨文相似，为什么这两个字如此相似呢？巧合吗？有丰富阅读积累的孩子说是因为“天人合一”。这样的思考会引发他们进一步了解并理解中国汉字、中国文化。一个孩子这样说道：中国人创造的汉字，凝聚着中国传统文化的精髓，是中华民族智慧的结晶。

爱因斯坦说：“提出一个问题往往比解决问题更重要。”有人说：“一个好的提问比一个好的回答更有价值！”没有问题，就没有回答。苏格拉底说：“问题是接生婆，它能帮助新思想的产生。”提问意识和提问能力是创新意识和创新能力的基础和前提，你也试着提问吧！

### 3. 角色扮演法

扮演角色与阅读相结合，既有“意思”也有“意义”。

我至今还清楚地记得在六年级的时候，“六一”儿童节要演节目，因为我唱歌跳舞都不会，所以是被“逼”着演了一个短剧，后来我知道这是著名的《花木兰》。当时，我首先认真阅读了这个故事，背诵了其中的台词。其实，背诵真算不上最难的事，最难的是要“理解”故事中人物的内心世界以及人物和其他事物的关联，只有了解这些，才可能演好。通过那一次演《花木兰》，我收获的远远大于故事本身，随着对剧中人物背景了解的加深，我对人物的内心世界有了自己的理解，这种领悟是通过一般阅读不能获得的。扮演角色与阅读二者相得益彰，在扮演某个角色的时候，我们模仿人物的语言、动作、神态，这种揣摩的过程是思考的过程。所以，我们在准备扮演一个角色的时候并不是有些人认为的“浪费时间”，这是在尝试多感官参与思考。所以，你可以大胆地把课文或者其他故事自己创编演出来。

## 【具体方法 3】思考帽法：多角度思考

学会多角度全面思考是解决综合性试题的必备能力。我们听到“盲人摸象”的故事会觉得可笑，但其实有时候我们也会犯这样的错。我看到过这样一道语文试题，短文的大致内容是：“一位父亲陪着自己的孩子去考试，要走很远的路，父亲不舍得吃买来的饭，他说自己不饿，把饭都给女儿吃，女儿吃着仅有的半碗面条泪流满面。”大概的情节就是这样，非常简单。问题是：“从这篇短文中你体会到怎样的情感？”挺简单的吧？大部分孩子答出了父亲对女儿深深的爱，洋洋洒洒写了好几行，但只得了一半分。为什么呢？这个短文很简单，但是得有不同的角度。角度问题在小学、中学都是考查的内容。仅就这篇短文看，文中只有父亲爱孩子这一种情感吗？当然不是，女儿吃着碗里的面条哭了呀，对于自己父亲的做法，她内心的愧疚与感恩只能用眼泪来表达。所以，这篇短文中的情感有两种以上，你仅就其中一个角度作答只能得一半分。其实不仅在考试中，生活中我们能站在不同的角度看问题也是非常重要的。你是不是也在自己受到委屈的时候不由自主地说过“请你站在我的角度想一想”，哈哈，对，就是这个意思。

“六顶思考帽”是一种锻炼多角度思考的思维工具。《六顶思考帽》（见图 1.3）的作者爱德华·德博诺被誉为“20 世纪改变人类思维方式的缔造者”，被尊为“创新思维之父”。《六顶思考帽》强调简单思考，要求思考者在同一时间内做一个方向的思考，这也是思考帽高明的地方，每次戴上一顶帽子后，思考者要学会将逻辑与情感、创造与信息区分开来思考，多次颜色交换后，思考者

图 1.3 《六顶思考帽》书影

会对思考的不同方面有清晰的认知。“六顶思考帽”教会我们如何正确思考。如果我们能关注思考问题的方式，关注问题的复杂性，就能相应克服思考问题的片面性，提高思考的深刻性，使自己的创新意识有所增强。

学习上如何利用“六顶思考帽”进行思考呢？帽子有六种颜色，不同的颜色代表不同的思考类型。白色帽子一般要求学生思考与主题相关的事实、数据和信息。红色帽子集中关注情感，学生需要在思考与主题相关的事实和信息的基础上，体会并表达出自己的感受。黑色帽子集中关注真相，判断所发生事件的合理性。黄色帽子集中关注优点或好处，学生需要思考为什么它是可行的？绿色帽子集中关注建议和一些创新的想法，即学生要思考并表达改良的建议与新措施。蓝色帽子代表对事件总体的思考，注重控制思考的全过程并总结，设立下一个思考的步骤与程序。在日常教学实践中，学生觉得蓝色帽子这一角度最难。

经过改良，我自己制作了一个小转盘（见图 1.4），这个小转盘是思考的“小玩具”。学生每次会很自然地转动转盘来确定自己帽子的颜色，相应就确定了自己思考的方向。这个转盘大家可以自己动手制作。在一开始或者对于低年级的同学，可以先尝试用三顶帽子，即从三个角度思考，等他们习惯这样思考后，再制作包含更多颜色帽子的小转盘，让他们尝试从更多角度进行思考。

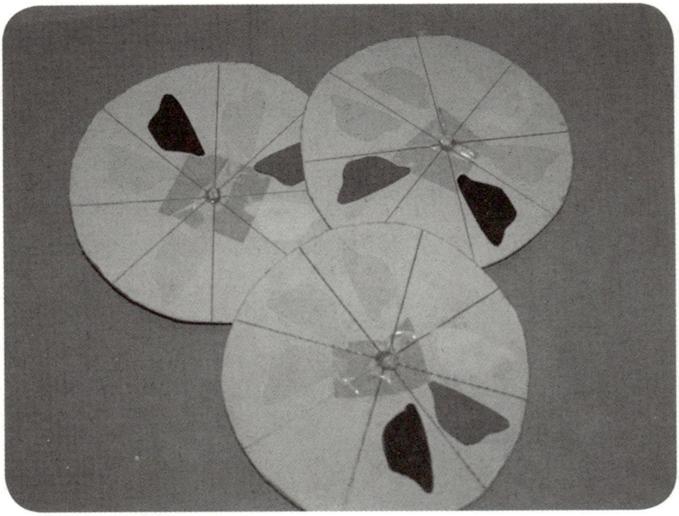

图 1.4　自制帽子转盘

“思考帽”帮助学生从不同角度思考。比如在保护环境主题下，有一个同学转到的是绿色帽子，他的思考方向是关注建议和创新想法。他说：“我觉得大家在过节时送个贺卡挺好的，但是这对环保不利，能不能在过节时把贺卡改成小书签？这样既环保又很实用。”我觉得他的想法很合理，其他同学也认可。有同学觉得他在绿色帽子的这个角度中也有思考，于是也愿意提出自己关于环保的创新想法。同学们就在这样的氛围中学会了不同角度的思考。

## 【具体方法4】布鲁姆层次法：不断深化思考

美国心理学家本杰明·布鲁姆（Benjamin Bloom）把认知思维目标层次由简单到复杂、由低级到高级分为六个层次：记忆—领会—应用—分析—评价—创新。这六个层次融会贯通、层层递进。家长和孩子们一起读书的时候，如果能够运用到这六个层次的认知思维，那么你们精读一本书所能带给孩子们的东西就不会局限于“情节”“知识”，孩子还会收获“思维”和“表述”。以“田忌赛马”的故事为例，六个层次的问题依次是：

1. 记忆：他是怎么得了第一名的？

2. 领会：你能把这个故事给爸爸妈妈讲一遍吗？

3. 应用：如果你有一个强大的对手，但你特别想取得比赛胜利，你会做什么呢？

4. 分析：你觉得这个故事哪里最让你感到意外，你想到的是什么？

5. 评价：田忌和孙膑，你更喜欢谁呢？如果你是他们当中的一个，你会怎么做？

6. 创新：如果请你给这个故事重新写一个比赛的过程，你会怎么写？

布鲁姆认知思维目标层次是用来辅助思考、理解、分析、记忆等常用的一种方法。我们可以根据实际情况进行逐步提高。在实际应用中我发现，我的学生对这样的思考非常感兴趣，这也是一个培养专注力的非常好的方法。学生围绕故事进行思考，是在目标任务的引领下进行思考的，通过这样的思考练习，学生思考的广度和深度都会得到不一样的扩展。

## 【具体方法 5】“大问题”讨论法：建立知识间横向纵向联系

知识之间是有联系的，认识到这种联系就“学通”了，“学通”了才能“学好”。

理查德·菲利普·费曼（Richard Phillips Feynman）是著名的科学家，获得了 1965 年诺贝尔物理学奖。在费曼小的时候，他的爸爸经常扮演成“外星人”，“外星人”遇到费曼，会问许许多多地球上的问题，比如：“为什么有白天和黑夜的区别啊？”“为什么会有气候和天气的变化啊？”在这样的提问情境中，费曼总是在思考，通过思考，他学到了很多知识。后来，费曼去博物馆，自己阅读相关书籍，然后再向爸爸提问。

对于他没有理解的问题，爸爸用通俗的例子解释。费曼对于爸爸的教育方式没有感到厌烦。相反，爸爸的提问和讨论激发了他的学习热情，他对百科全书上的科学和数学产生了极大的兴趣。28 岁时费曼担任美国康奈尔大学教授，47 岁时获得诺贝尔奖。在对费曼的采访中，他不止一次提到父亲经常和他讨论开放性的问题，这对他后来做研究有非常重要的影响。

思考开放性大问题是建立知识间联系的一个有效方法。大问题往往需要将各种知识综合起来，这样有利于建立学科之间的纵横联系。同学们，从今天起和老师、家长或者同伴一起“天南海北”讨论一些大问题吧！现在我给你们提一个问题（记得以后自己寻找大问题哦），讨论一下环境如何影响生活（见图 1.5）吧！通过关注时事政治、经济、生活热点，将各种学科知识融合在一起解决实际问题，不断提高你的思考能力。关于建立各学科知识间联系的练习内容，我们在后面的学习方法中还会重点涉及，因为这点在学习中非常关键。

图 1.5　课堂上引导学生讨论大问题

## 挑战真题：这样思考就对了

### 学科学习中的思考

#### 1. 语文学科实践样例

正确审题是写作成功的第一步。如果把写作比作驾驶车辆，审题就像方向盘，是对一个作文题目的写作要求进行认真思索，寻找合适的方向。那么，看到一个作文题目，应当怎样一步一步审题呢？（1）审写作对象。看一看题目对文章写作对象和体裁有什么要求。如《我的好伙伴》，既可以写人，如要好的同学、小朋友等，也可以写物，如和自己有亲密关系的书包、书籍等，或者对自己忠实、讨喜的小狗、小猫等。（2）审题目限制。进一步明确题目的选材范围。文章的写作范围表现在时间、地点、数量和内容等方面。例如，《课间十分钟》是要写学校的事；《童年趣事》是要写已经发生过的事。又如，《有趣的课外活动》，则既可写校内的课外活动，也可写校外的活动。（3）审题目关键词。抓住题目中的题眼，也就是揭示思想意义或表现感情色彩的词语。例如，《我敬佩的一个人》，“敬佩”就是这个题目的题眼。要重点写出为什么“敬佩”。又如，《记一位勤奋工作的老师》，“勤奋工作”就是题眼，如果你去写这位老师如何“生活朴素”“关心同学”的事，那就跑题了。

下面请你读一读这两名同学的作文，你觉得哪里不好呢?

作文一:

## 看电影的路上

周末,我和爸爸去看电影,我非常高兴,一路欢声笑语。电影讲述的是抗日战争时期,有个男孩叫张嘎,他聪明勇敢,绰号“嘎子”。在鬼子的一次突袭中,嘎子的奶奶为了掩护八路军战士,自己牺牲了,八路军侦察连连长钟亮叔也被鬼子抓走了。嘎子悲痛欲绝的同时决心报仇,他毅然出发去寻找打鬼子的地区队伍。在路上,他误把游击队排长罗金保当作汉奸,想收缴他的枪而闹出笑话。嘎子乔装打扮成卖西瓜的小贩,缴了胖翻译的“真家伙”。为了不让队长把枪收回去,他竟动了“嘎”气,将枪藏到了老鸹窝里,他因此受到了严厉的批评。在一次战斗中,他受了伤在老乡家里休养。游击队攻打敌人岗楼时,他偷偷从老乡家里跑回参战，不幸在进城侦察时被捕。战斗胜利了，区队长代表部队表扬了嘎子，奖励给他一支真正的小手枪。

电影结束了，我要向张嘎学习，学习他积极动脑筋想办法的好习惯。

审题要读懂文字背后的“语言”。就这个题目，如果写“看电影”或写“某条路”，那就大错特错了。正如你看到的这个同学写的是自己看过的一部精彩的电影。因此，这篇作文就跑题了，这个题目你应当写的是在路上发生的事情。什么路上呢？它又给你限定了是看电影的路上。至于你看的什么电影，这个不重要，因此千万不要叙述电影的内容。题目只是给了你一个特定的环境，你只要告诉别人这件事情是在看电影的路上发生的即可，它与“在飞行的飞机上”是一样的道理，只是限定了特定场景。你要叙述特定场景下自己的所思所想所行。想对了，作文就成功一半了。

反之，无论写得多精彩也不是好文章。

作文二：

## 过年真快乐

一开始，我很怕放鞭炮，因为它很响，又怕它炸到自己。后来，我看爸爸放鞭炮很轻松，我也很想试试。我来到一块空地上，先把一枚小鞭炮插在地上，右手颤抖地拿着打火机，在鞭炮的导火线上点了一下，急忙跑回来，躲在爸爸的身后。很久了，鞭炮也没响，看到我憋得通红的小脸，爸爸笑着说："你太紧张了，鞭炮没点着，再来试一次吧。"听到了"噼啪"的一声，小鞭炮终于在我的努力下唱响了歌儿。

但是，我姐姐说："我感觉过年还不如平常周六日休息呢，自己家里休息会儿得了，过啥年。过年早上怕有人来串门，于是得早早起来收拾干净。吃完饭后，马上收拾干净桌子，怕有人来串门来不及收拾。关键是吃剩饭真的很烦很烦。过年来人吃饭，一做就是一大桌子菜。中午没吃完的菜，晚上继续吃。亲戚走了之后，就又得吃剩菜了。”她这种烦的感受，我有时候也有。

题目核心词的要求不能主观改动。该同学作文第一段可以，写过年放鞭炮很快乐，但是第二段就跑题了。不是说好写“过年真快乐”的吗？怎么突然又“不快乐”了呢？我们写作文得围绕主题词“快乐”，写感到快乐的事情。有同学说：“老师，有时候我确实不快乐，不是说写真情实感吗？”真情实感没有错，但这个题目已经给你限定好只能写过年的快乐，好比主人请你吃饭，告诉你有米饭、馒头，你却说你喜欢吃饺子！你可以在日记中抒发自己过年时烦心的感受，但放在这个题目里不合适！

### 2. 数学学科实践样例

（1）找准题目中的关键信息，建立联系

解决一个数学题需要在条件与条件、条件与问题之间建立联系。在数学题中，一般来说列出的已知条件都是有用的信息，而且这些条件之间是有联系的，因此，学生一定要学会建立条件和要求的问题之间的联系。在学校，我发现有的学生看到一些数学应用题无从下笔或者僵化地去套用公式，为什么不用方程建立数量之间的关系呢？列方程的本质就是找等量关系，绝大多数题目会有诸如某某就是什么，什么比什么多多少，什么是什么的几倍的表述，这些题目中的提示信息能帮助我们完成方程的构造，进而求出正确的结果。其实，很多题目里已经明确地将关键信息之间的关系显现，你只要找寻题目中的数量关系并列出算式即可。实际上，如果你的阅读理解能力过关的话，利用题目中的已知条件列方程基本上就是一个看图说话的过程。

（2）多尝试一题多解

一题多解侧重于沟通知识之间的内在联系，促进学生思维能力的提升，一题多解是练习思维灵活度的有效方式。一天，一个同学气呼呼地跑来说："数学作业完成了，答案也对了，为什么数学老师还要让我们用多种方法来解答一道数学习题，这是在浪费时间吧？"这个同学的话也代表了一部分同学的想法。生活中我们不能止步于一道题做对。一题多解就是从不同的角度来分析同一个题目中的数量关系，使用不同解法求得同一个结果的思维过程。合理运用这种方法，从近处看，你不会再害怕试卷中的题目"变脸"；从长远看，能培养大家的思维能力。面对一个数学问题，找到越多切入点，就越能理解数学问题的本质，越能从系统着手看待数学问题，进而能灵活地应用各种数学材料来解决数学问题。经历一段时间这样的思考实践，你的思维灵活性将大大增强，你还会害怕考试吗？

下面我们以真题为例：一个三角形原来底边长5厘米，现底边增加1厘米，面积增加了1.5平方厘米，问原来的三角形面积是多少？方法一：原来的

面积 + 增加的面积 = 现在的面积。题目中的三角形的高前后没有变化，所以都可以设为 h。列出方程：$5h \div 2+1.5=(5+1)h \div 2$。解得 h=3（厘米），则原来的三角形面积可列算式求出：$5 \times 3 \div 2=7.5$（平方厘米）。这是保守的顺向计算的思路，这种方法当然可以，而且大多数学生比较容易想到，解题思路也顺畅，只是计算过程有点烦琐。方法二：如果逆推先计算出增加面积后的三角形的高，再巧妙借用增加面积后的三角形的高，计算原来三角形的面积。$2 \times 1.5 \div 1=3$（厘米），$5 \times 3 \div 2=7.5$（平方厘米）。这是一种逆向思路，该种方法是在学生对三角形的面积计算以及底边增加、高不改变的情形有了清晰透彻的认识的基础上产生的。方法三：底边长是几倍关系，面积就是几倍关系，利用变化前后三角形底边的长度关系，解决三角形面积的计算问题。这是典型的发散思维，如果我们能坚持这样思考，一定事半功倍哦！

通过对典型题目进行一题多解训练，使学生巩固与深化所学知识，提高解题技巧及分析问题、解决问题的能力，增强思维的灵活性、变通性和独创性。在此基础上，学生可以对各种不同解法进行比较，看清题目中的条件，看出数学概念之间的关系，从而认识知识的内在联系。虽然练的是一道题，但这道题的知识覆盖面却很广，在解答时需要搜集头脑中储存的多种信息，进行比较，找到解题的最佳方法。

## 生活实践中的思考

### 1. “买报童”教你思考

大家不要以为我把“卖报童”误写成“买报童”了。“六一”儿童节要演节目，几乎所有的同学都参加演出了，但难免有上不了场的，马天宇同学就是其中之一。因为是儿童节，到底谁演哪个角色由学生自己决定。我班有一个节目是《卖报歌》，其中有一个卖报童的角色，很多孩子都想演这个卖报童，老师就让同学们投票选一个人来演，马天宇落选了，失去了参加

“六一”演出的机会。

落选的马天宇同学没有放弃，他找到我说，“老师，我昨天仔细想了想，我想演一个角色，您想啊，这个剧里面有卖报纸的，那肯定也有买报纸的，所以我可以演那个买报纸的人”。只见他拿出自己精心用报纸做的书包，这个“报纸书包”少说也得用 30 张报纸才能做成，天宇小心翼翼地把书包背在身上，我欣赏着这个“宝贝”，天宇就这样争取到了剧中买报童的角色。

多思考常常会让我们“化险为夷”，让我们像小天宇那样脱离一个又一个“困境”。当我们在学习时，爱思考帮助你去理解记忆，久而久之，你不会觉得学习很困难。爱思考的人，往往更容易获得成功的机会，因为他们能从多个角度看待事物，从而考虑问题更加全面，做起事来，方向也更明确。

总之，思考在大家的学业及人生道路上都起着关键作用，是成功者必备的“武器”，学会思考吧！

## 2. 喷水池里的“泼水节”

一名中学校长在“开学第一课”现场，给全国的观众展示了一张学校“泼水节”的照片，照片中校长被同学们泼得“落花流水”但依旧“笑容可掬”。忽然我们班的张扬同学说：“这么泼，得浪费多少水？”我一下子被他“提醒”了，我把画面暂停下来，首先肯定了张扬同学的思考：“你是一个会想问题的孩子，考虑问题很全面。的确，有时候我们在做一件事情的时候就会忽略另外一件事情，比如刚才看到的‘泼水节’，张扬同学考虑到的节水问题是视频中校长所忽略的，我相信张扬将来要是做了校长，一定能创造性地举办一些既有意思又环保的活动。”接下来，张扬同学又说了一些自己的想法，虽然有些想法不切实际，但也有一些是不错的，比如，泼水活动可以在一个大喷水池里进行，那样水流下去可以循环利用，等等。

你可能也听说过这样的故事：一对年轻夫妇带着

一个 5 岁的小男孩去租房，房东是一个老妇人，她说不租房给带小孩的家庭，夫妇大失所望，但是小男孩又敲开了房门，满面春风地说："奶奶，我想租下这间房子，我没有带小孩，我带了两个大人。"老妇人听了哈哈大笑，愉快地把房子租给了他们。

思考助力我们达成目标，你一定从这些故事里深受启发，是吗？

## 本课总结

思考学习法的本质是运用创新思维，强调在学习中用新的角度、新的思考方法来解决现有问题。创新思维是解决问题的一个重要前提，是第一要素，它帮助我们突破以往思维的定式，从不同角度理解问题，提高解决问题的效率。

## 方法工具箱　思考学习法

续讲一个故事……
扮演一个故事角色。

**讲故事**
**1**

六项帽子代表六个角度
（事实、感受、真相、优点、创新、规划）。

**六项思考帽**
**2**

**思维层次练习**
**3**

记忆：他是如何做到的？
领会：你能把这个故事分享一下吗？
应用：如果是你，你会怎么做？
分析：故事里什么是你没想到的？
评价：他们谁更合理？
创新：如果重写故事，你会怎么写？

**大问题讨论**
**4**

就一个大问题进行讨论，如地球生物之间到底有什么联系？

# 第二课
# 概括学习法

火眼法

帽子法

抽筋法

珠子法

## 概括学习法

知识学习的过程一般经历三个阶段：领会、巩固和应用。第一阶段的领会，实质是理解，需要学生抓住主要内容进行概括，形成整体印象。本章中的概括学习法是让学生通过抓住主要信息并概括，形成对知识本质特征和内在联系的认识。有了这种认识，便于学生掌握知识的结构和条理，在头脑中形成框架，让学习更加系统化。

## 看似明白，题做不对：会抓住主要问题才是真学会

### 语文阅读题中的“概括”

1. 这篇文章一共写了三件事________，________，________。

2. 从以上资料中，可以知道中华人民共和国成立初期面临的困难有________，________，________，________。

3. 请你给这段话加上一个标题________。

以上三题是直接考查概括能力的题目，还有一些间接考查概括能力的题目，在下文中会涉及。类似题目从一年级一直考到中学，失分率非常高。概括是理解一段话的重要方式，越向高年级发展，这种能力就越重要。可以这么说，在语文测试中，对概括能力的考查占很大的比重。其实，不限于考试，日常生活中，

概括能力也会影响人与人之间沟通的质量，概括能力好的人，表达时能抓住重点，让别人一听就明白了。就小学生而言，国家施行新课程改革以后，特别强调对学习内容的整体感知，但感知之外，学生还需要把自己感知到的内容进行概括，形成自己对知识的理解并进一步提升。比如在小学语文的学习中，概括文章的段意、主要内容等，就是很好的锻炼概括能力的实践。小学生在学习中，把概括作为一种学习方法，将对学业提升有非常大的帮助。

北京师范大学林崇德教授指出，语文中的听、说、读、写四种能力，在一定程度上是语文方面的概括能力。有同学竖起耳朵也抓不住别人说话的主要意思；有同学在说话时口若悬河，却说不到“点子”上；有同学读一篇课文，就是概括不出文章的主要内容；也有同学写一段话就是没有中心思想。这些就是概括能力欠佳这一问题在听、说、读、写方面的显现。可见学好语文，离不开概括能力的培养。

## 英语阅读题中藏着的“概括”

英语阅读题中，这些问法你是不是非常熟悉?

① The subject of the passage is ___________.

② The main idea is___________.

③ The title is ___________.

④ The passage mainly talks about___________.

英语中的这些提问的方式都涉及概括，如果我们在母语学习中存在概括问题，那么英语学习中，由于存在语言上的障碍，概括的困难程度可想而知，所以我们在日常生活中就要着重提升概括能力。

## 学会“概括”到底会有多“开挂”

概括和学习迁移的关系密切。美国心理学家贾德（Judd）认为，概括是产生学习迁移的关键，学习者只有对他的经验进行了概括，获得了一般原理，才能实现从一个学习情景到另一个学习情景的迁移，才能

“举一反三”。总之，概括能力是学习者必备的基本功，学习者将知识概括化的过程就是将知识结构转化成认知结构的过程，就是将知识内化的过程。

“双减”背景下的学习和考查回归于“人”的成长。事实上，综合概括是人透过现象看本质的能力的体现。简单地抄材料要点即可得分的方式已经不能很好地考查学生的能力。因此，考查概括发挥着能力培养与引导的作用。抓住了概括能力，也就抓住了学科能力的基础与核心问题。因此，培养学生的概括能力，是培养其学科能力，乃至学习能力的一个重要环节。

## 方法指导：概括剥离法

有一些学生提取不出题目中重要的、有效的信息，经常把不重要的甚至是和主题无关的信息都抄写下来，给做题带来很多障碍。我的建议是：在平时练习中，你要常常把自己当作“听众”，你最想听到的内容就是主要信息。学会提取有效信息听起来不难，实际上做起来很不容易，从现在起，让我们学习一些方法概括提取有效信息。

## 【具体方法 6】火眼法：能够快速默读

我曾多次观察一些年龄小的孩子读书，虽说书中有些字他们还不认识，可他们总能默默地读，读到动情处，抿嘴一笑，读到激动处，喜、笑、怒等表情经常会在他们的脸上自然地流露出来。这说明他们读懂了，已经进入角色，这是别人无法替代他们完成的。事后我问他们碰到不认识的字怎么办？他们说可以根据上下文猜。我从书中找出具体的例子，他们居然把字意猜得八九不离十。默读的优势、功能、价值实在不容低估，培养默读的习惯迫在眉睫。

默读是读书的一种重要方式。近些年，语文考试不断加大阅读量，要在有限的时间内快速概括出文段所要表达的内容，不能快速默读肯定是不行的。默读，由于省去了发音的动作，所以速度快。默读最能体现课程标准提出的“阅读是学生的个性化行为”，更能关注阅读的个体差异。比如说在默读过程中，遇到自己不理解的地方，可以结合上下文多读几遍，可以停下来思考、质疑、释疑；可以不影响他人，也不受任何限制，读到动情处还可细细咀嚼，品味再三，这样能有效提高学生阅读的思维能力和理解质量。

我们在默读时，要注意提高速度，因此不能逐字逐词地读，要尽量减少眼睛停留的时间与次数，尽量不出现回视，逐步扩大扫视范围。通过快速默读，不断挖掘我们视觉感受的潜力。此外，默读时不应把注意力仅放在字词上，还要放在对内容的理解上，这样在保证默读速度的同时保证默读的质量。

### 【具体方法 7】帽子法：抓住重要环节

帽子法，简言之就是抓住文章的标题识别文章的主要内容。有些文章在标题中就告诉你文章的主要内容，如课文《闻一多先生的说和做》，这个标题指明了闻一多先生品质的两个方面：一是说，二是做。别人是说了再做，而闻一多先生是做了也不一定说。利用这种方法进行概括一般不复杂。有一些文章标题点明行文线索或叙事的对象，如《背影》这个标题点明行文的线索是父亲的“背影”。杨振宁写的人物传记《邓稼先》一文，作者以人物邓稼先为中心，把邓稼先这一人物置于广阔的社会背景和历史背景中，抓住他忠厚平实，真诚坦率的性格特点，回忆了他为中国的“两弹”事业所作出的贡献，赞颂了他“鞠躬尽瘁，死而后已”的奉献精神。也有文章标题交代故事发生的环境，如《从百草园到三味书屋》，叙说了作者鲁迅先生小时候在“百草园”的快乐和在“三味书屋”的枯燥乏味。随着年级的升高，文章的标题（帽子）有时用比喻来表述，比如，高年级有一篇课文《丰碑》，这个题目并不是指高大的石碑，而是指军需处长舍己为人的精神。无论阅读什么文章，我们都要重视它的标题，标题就是文章的“帽子”，抓住这个“帽子”，让后续理解文义与概括中心思想更加顺畅。

## 【具体方法 8】抽筋法：抓住主要内容

抽筋法的实质是提取关键句。大多数段落是有中心句的。在总分或分总关系的段落里，分说的句子是围绕中心句展开的。在归纳段意时，只要找准中心句，就可以将主要内容概括出来。例如：

> 小镇的早晨更是忙碌的。学生背着各色书包蹦蹦跳跳地去上学，妇女提着装满新鲜蔬菜的篮子从集市上回来，街道两旁卖早点的店铺不停地招呼着过往行人。河对岸移动着一条彩色的人流，那是去工厂上班的农家姑娘。她们衣着鲜艳，步态轻盈。这儿盛产蚕茧，但过去一尺丝绸一根丝线都要从外地买来。如今，这里办起了自己的缫

丝厂、丝织厂、服装厂。小镇在变化，小镇在前进！

如上一段话的中心句是第一句。抽筋法还可以用在多句合并概括主要内容中，有些文章结构上包括总起句、过渡句、总结句或内容上的中心句，这些句子都体现了文章的主要内容，是文章的“筋”。把这样的句子抽出来直接引用或联系文章内容稍加整理，就可以归纳出文章的主要内容。例如，颐和园是个美丽的公园……颐和园也是一个写满历史的公园。抽出首尾的两个句子，就可以归纳出文章的主要内容。当然，也有少数段落没有中心句子，此时可以合并几句话的意思，把“隐藏”的中心句概括出来。

**【具体方法 9】珠子法：串联成一条线**

珠子法的实质是理清脉络，把各个点串成一条线。有一些文章，寻找其中的“珠子”比较困难，需要借助一定的策略，这就要抓住作者的表达思路，这种思路体现在课文中就是表达顺序。学生找准了表达顺序，理清了文章的思路，概括主要内容就是水到渠成的事了。如《一只窝囊的大老虎》文章篇幅比较长，要概括主要内容也比较吃力。我们要从文中找到作者写了哪些内容：期盼着表演露脸、接受表演不说话的老虎、排练节目中遇到的困难、表演节目时砸锅了、寻找表演失败的根源等。再结合文章题目，就可以知道作者是按照事情发展的顺序写作的，所写的事情是“我”表演老虎，写了事情的起因、经过、结果，由此可以概括出文章的主要内容。

我们要知道，所需概括的课文段落与篇章之间是有联系的，厘清文本内部联系，我们的概括才能顺利进行。《赵州桥》一文中的过渡句：“这座桥不但坚固，而且美观”，告诉我们上文写的是赵州桥的坚固，下文将要写桥的美观。抓住文中的过渡句，弄清上下文之间的关系，理解全篇的脉络，进而才能像串珠子一样概括出文章的内容。课文中表示时间、空间、情感变化的词句，表示因果、并列、承接、递进、转折等的词句，都是散落在文中的“珠子”，是学生在概括课文时应该关注的重点，把握住了这些，就抓住了概括课文主要内容的“牛鼻子”。总之，我们从文本内部的逻辑关系入手，运用珠子法概括课文内容不断进行概括训练，从而提升自己的概括能力。

让我们以六年级语文试卷中的一道概括题为例，展示珠子法的具体应用。

> 某地经济落后，政府为了改变经济落后的面貌，带领农民种油菜脱贫致富，农民个个撸起袖子加油干，8年中，当地的油菜产业和由此带动的旅游产业都获得发展，农民脱贫致富了。但是，新的问题出现了，由于过度开发旅游，当地的水污染变得严重，有些当地居民喝了污染的水甚至生病。请你概括这则材料表达的主要意思。

一个同学说这道题不难，电视上天天播报脱贫致富，所以他的观点是："脱贫致富非常重要，农民想方设法脱贫致富。"就这个题目而言，他找到了文段中蕴藏的一颗"珠子"——脱贫致富很重要。但这只是题目一半的信息，在这一段话中，有一个重要的提示词"但是"，如果忽略掉这一转折词，就会丢掉文段中的另一颗"珠子"——环境保护。找到两颗"珠子"，串联起来就能准确概括出本文段传达的意思，即就经济发展和环境保护的关系而言，脱贫致富重要，环境保护同样重要。

# 挑战真题：会概括才能抓住要害

## 语文学习中概括方法的应用

### 儿子的创意

一天，儿子说：“我准备参加一个建筑创意赛。”我笑着打断他：“人家征的是建筑创意。我记得你小时候连积木都搭得像要倒塌的楼房，还奢谈什么建筑。”儿子不理睬我，自言自语道：“我的设计绝对风格独特，先在地面挖一个巨大的深坑，然后把这个博物馆盖在地下……”他一边说着，一边在空中比画了一个上大下小的圆形，还想继续介绍他的创意。

我质疑道：“你先停一会儿！挖到地下那么深的地方，会有地下水涌出来，积成一个火山口样的湖泊。你想过没有？再说什么样的建筑材料，可长久地保持你所要求的透明度？还有你设计的飞梯，多么危险！反正我是不敢上这种喇叭形梯子的。”儿子摆摆手说：“妈妈，知道什么是创意吗？那就是最富于创造性的意见啊，你就等着我的好消息吧！”

很长时间过去了，就在我们几乎将这事忘了的时候，儿子收到了一个写着他名字并称他为“先生”的大信封。我们拆开信封，里面竟然是一张请柬，上面说儿子获得了创意银奖，并且邀请他到海外参加颁奖仪式。

问题：请你用一句话概括文章的主要内容。

这一题考查的是同学们概括文章内容的能力。这篇短文看上去有些散，但是其实并不散，我们可以找中心句来概括每个自然段的段意，然后把段意连接起来：儿子准备参加建筑创意赛，他向我介绍他的创意，我质疑，儿子仍然坚持设计，最终儿子完成设计参加比赛并获邀去国外参加颁奖仪式。当我们去概括这类看上去稍微有些长的文章的主要意思的时候，一定要通读，有个整体印象，然后再回过头去找寻有概括性的关键句，最后再串联。这个过程听起来有些烦琐，实际上当你习惯了这样的流程和方式时，就会觉得概括是水到渠成的事。

## 英语学习中概括方法的应用

我们首先来看一道阅读理解的概括题：

He wishes the holiday season would end already. His back aches, his red suit feels like a spacesuit, his cheeks have gone tight from smiling for 12 hours.

The questions from children these days are harder than ever. Now, with thousands of children expecting a father or mother serving in Iraq or Afghanistan, the questions are as heart-breaking as they are unanswerable. For example, “Can you please bring Daddy home from the war in time for Christmas morning" Santas also have a pretty good chance of getting sued...

What would be the best title for the passage_____

A. Christmas: Not a Good Festival for Santas.

B. Is Santa Claus Really Alive ?

C. A Christmas Story.

D. What Does Santa Claus Do for Children ?

语文中概括的方法同样适用于英语。我们经常做到的英语阅读理解的题型是给文章加一个标题，这就是在考查学生概括的能力。标题有什么功能？标题往往高度概括了文章内容或点明文章主题。标题既可以是单词、短语，也可以是短句，简洁精练是标题的一个重要特征。标题既要避免概括不够，即以部分代替整体，或以事实细节代替文本的大意；也要避免概括过度，即脱离了文本内容过度发挥，臆想一些文章没有涉及的信息。标题像帽子一样，得大小合适才行，语文学科中的概括方法在此处同样适用。

有人将学生英语学习不理想的原因归结为孩子不背单词。其实不然，学英语固然要背单词，但是从小培养英语学习的思维更重要。从阅读中学会概括，当自己在写英语作文时才有可能写出概括句，文章才能非常清楚。我看过学生写英语小作文来介绍新学校的一个变化，他说了半天图书馆的各个地方，内容挺丰富，但是让人读得一头雾水，因为我们不知道图书馆的具体变化是什么。我告诉他，要一句话告诉别人这个变化是什么，比如图书馆新设置了讨论区，然后你再介绍细节。英语考试特别是英语作文写作考查学生的概括能力、分析能力、举证能力。后两种能力能否有效准确地体现，必须建立在学生具有良好的理解、概括能力的基础之上。

## 数学学习中概括方法的应用

不只语言类学科，其实在任何一个学科中，概括能力都很关键。正如林崇德教授所说：数学学习需要概括能力，掌握好诸如“合并同类项”的方法是对数学能力最形象的说明，因为数学学科教学的重点是要讲清楚基本概念。学生对于数学概念的掌握，需首先具备概括能力，反过来，掌握了数学概念又能促进概括能力的发展。因此，数学概念的教学和学生概括能力的发展是有机联系的。数学概念的概括是从具体向抽象发展，从低级向高级发展的。例如，从“自然数”到“正整数”“有理数”“实数”“复数”，一直到所有的数，这就体现一个概括的过程。所以我们强调数学能力必须以概括为基础。在一定意义上，数学能力就是数学概括能力。其他学科也是同理。

所以，从今天开始，用概括学习法培养自己的概括能力吧！

## 本课总结

概括学习的本质是运用抽象思维。抽象思维作为一种重要的高阶思维类型，具有概括性、间接性、超然性的特点。它凭借一定的抽象概念对事物的本质作出判断，在分析事物时抽取事物最本质的特性进行表述。概括学习是抽象思维的实践，抽象思维是学习复杂内容不可替代的思维类型。

### 方法工具箱　概括学习法

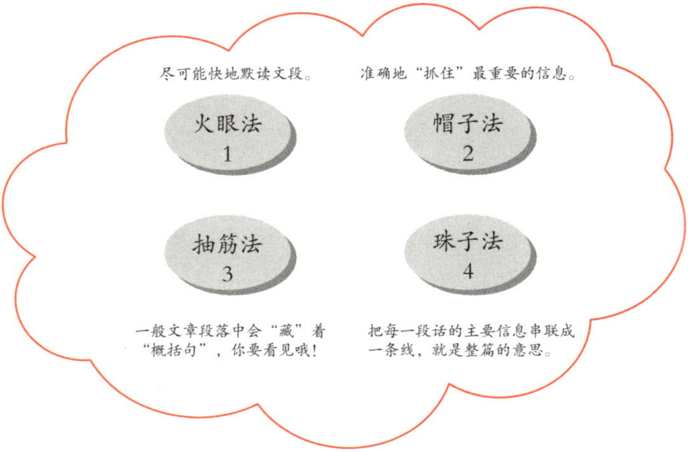

# 第三课
# 比较学习法

游戏法

找同法

找异法

## 比较学习法

“有比较才能有鉴别。”世间的一切事物既有区别，又有联系。在学习过程中，正确理解一个科学概念，需要了解各个事物的本质，这就需要找出事物的不同点和共同点，进行比较。未进行比较，则易将相关知识的概念、原理、现象等混为一谈，不利于对知识进行深刻理解和准确应用。比较学习法旨在抓住知识的本质特征和知识间的内在联系，从而准确理解、记忆和应用知识。

## 一错再错：会比较才会避免重复犯错

### 做过，我怎么又错了：你比较过那些细微的差别吗？

经常有这样的同学，他们在核对了答案之后跳起来：“哎呀，我上次做过怎么又错了！”也许你也有过这样的体验，我们往往会对一个问题不求甚解，不懂得去比较两个或多个问题的细微差别，但这些差别也许正是答题的方向或关键因素，如果你抓不住这些题的差别，则常会因为混淆而做错，甚至一错再错。比较学习思维的应用非常广泛，比如，小数与分数、分数与百分数、金属与非金属、氧化与还原等学习内容，运用比较学习法都能收到意想不到的效果。而辨清不同知识点之间的区别与联系，把握所学知识的内在规律，把知识学精学透，比较学习法的作用更是无可替代。比如在应用题学习中，老师经常要求学生“一题多解”，这实质就是比较学习。这对学生思维的灵活性与创造性的培养非常必要，在这样的比较中，学生能够克服思维定式的影响，找出最佳的解题方法。总之，在教学中适时、恰当地运用比较法，能使学生学得扎实，效率提升，适应教育改革的趋势。

## 比较着学就对了：建立知识间的联系

同化学习策略在教学中经常采用，即在学习新知识时，把它纳入旧知识之中。通俗地说，就是用熟悉的例子来把新学的知识消化掉。比如，新学习“想”字，它由“相”和“心”组成，“相”字和“心”字是原来所熟悉的，用“心”去“想”，这么一联系，词语意思就深刻理解了，比单纯硬记“想”字要容易得多。同化学习策略的本质就是找出新、旧知识之间的相同点或相似点，建立知识之间的联系，让知识变得容易。

# 方法指导：比较发现法

## 【具体方法 10】游戏法：在游戏中发现

找不同是比较思维最直观的存在。它要求人化难为易，从多角度观察事物、分清主次，依次想出解决问题的方法。学生喜欢玩“找不同”的游戏——寻找小鹿（见图 3.1）。在 25 只小鹿中，仔细观察如图小鹿有多少种类型？从不同中找相同类型，需要孩子集中注意力，仔细观察，此游戏能锻炼孩子多项数学能力。家长可以出题，例如让孩子找出图中非白色且戴黑领带的小鹿。按照这个线索，孩子可以首

图 3.1　寻找小鹿

先排除白色的小鹿，剩下的非白色小鹿中，只有两种，一种戴黑领带，另一种戴白领带。我们要求孩子找的是戴黑领带的，答案就出来了。这需要推理能力：孩子先从题中找到线索，再进行整体观察和初步推理，得出重点条件，再做排除，获得最终结果。在此过程中孩子要主动寻求一些“线索”，他要先根据“颜色”线索，再根据“领带”线索进行排除判断，这是一个观察、思考、推理的过程，能锻炼孩子的逻辑推理能力。从长远来看，逻辑推理能力强的人遇到问题的时候，能够快速整理出思路，解决问题，在学习、生活和工作中脱颖而出。

“找不同”的游戏玩法多样，可以找“白色小鹿”“不戴领带的小鹿”“没有斑点的小鹿”等，这都是在分类，让孩子在游戏中提升按照事物种类、等级、特点或性质进行分类的逻辑思维能力。

### 【具体方法 11】找同法：找到“同”，建立联系让学习变得简单

相同是构成事物的基础，因此，找出相同可以获得一般规律。新知识的获得总是建立在旧知识的基础之上。奥苏伯尔（Ausubel）认为：只有在新旧知识之间建立一种实质性的联系，新知识才能够被有效地获取。学生听课的任务是理解习得新知识，而新知识必须通过旧知识来传递。新旧知识之间即便存在概念的某种差距，它们也存在一定的联系。我们要在两者之间建立起连续性逻辑关系，不断完善知识体系。新旧知识之间建立联系的方法有两种：一是建立内在的逻辑性联系，通过比较、分析，找出新旧知识相重合的部分，依据它们的对应关系，找出相同点。二是建立外在的形式上的联系，可以通过联想为两者建立相似的外部形式上的联系，这种联系既可以是本身就有的联系，也可以是人为设立的、想象出来的联系。

## 【具体方法12】找异法：找到“异”，明白不同问题的特质

有比较才能有鉴别。世间的一切事物既有区别，又有联系。在学习过程中，会发现很多知识有相同点和不同点，如果不去比较，就会把相关知识的概念、原理、现象等混为一谈，这不利于对知识进行深刻理解和准确应用。善于比较则可以抓住知识的本质特征和知识间的内在联系，从而达到准确理解、记忆和应用知识的目的。我们一起来看一道经常考的题目，有的同学觉得这个题目不难，可为什么总是丢分呢？

问题1：孟浩然《春晓》中“夜来风雨声，花落知多少”一句与《己亥杂诗》中“落红不是无情物，化作春泥更护花”都写到了落花。请简要说明两位诗人分别借“落花”表达了自己怎样的情感？

问题2：李白《闻王昌龄左迁龙标遥有此寄》中的“我寄愁心与明月，随君（有作“随风”）

直到夜郎西”，与《送杜少府之任蜀州》中“海内存知己，天涯若比邻”，表现的都是对朋友的深厚情谊。请你结合诗句内容，简要说明两位诗人各自是如何抒发内心情感的。

我问一个学生这道题怎么答，她说：“第一问，《春晓》中诗人抓住春天的样子展开联想，描绘了一幅春天早晨美丽的图景，表达了诗人热爱春天、怜惜春光的好心情；《己亥杂诗》写诗人离京的感受，虽然内心有些愁苦，仍然表示要为国为民尽自己最后一份力。第二问，《闻王昌龄左迁龙标遥有此寄》中‘明月’表达诗人豁达乐观的情感；‘海内存知己，天涯若比邻’的‘明月’表达诗人对友人的关切同情以及不舍。”

这个回答有什么问题？她在思考如上问题的时候记住了一个诗词类题目作答的公式，即“写了什么内容＋表达了什么情感”。当然，诗歌必然要表达某种感情，通过比较，我们也发现这两个题都需要分析出诗人的情感。第一问的题目已经给学生划定了范围，只要求从两首诗的“落花”意象中分析并体会诗人的感情。如果学生把一整首诗的手法都分析一遍就“费力不讨好”了。上述学生对于第一问的回答是比较准确的。而第二问，诗人是如何抒发内心情感的，需要分析两首诗的写作手法并说出诗人的情感。而上述学生混淆了两问的区别，在回答第二问时依旧找诗中的意象，甚至自己杜撰“海内存知己，天涯若比邻”中本不存在的“明月”意象，为答题而答题。总之，第一问的本质是意象已知，只要说一说这个意象表达的情感；而第二问问的是“如何表达”，作答必然包含全诗所采用的手法和诗人想要表达的情感。

利用比较，才能使思路清晰并明确本质。我们不能“大概”地认为应该有个什么公式套一下即可。在学习中要善用比较，首先要动脑，勤于思考，发现知识间有何不同之处和相似之处；再找到标准，即从哪些方面进行比较。比较时既可以列表，也可以绘图，这样就可对所学内容去粗取精、去伪存真，提高学习新知识和复习巩固旧知识的效率。

## 挑战真题：在比较中认识本质，掌握规律

### 语文学习中比较方法的应用

任何事物的特点必须在相互比较中才能充分地显示出来。比较是确定事物同异关系的思维过程和方法。教育家乌申斯基说过："比较是一切理解和思维的基础，我们正是通过比较来认识世界上的一切东西的。"比较学习法就是通过对比、对照进行学习的方法，是认识事物的重要途径。只有对事物进行比较，才能发现其特点和规律，才能深刻地认识事物。

文段一：

①父亲是村里公认的棋王。农闲时总有人找父亲对弈。无论对方棋艺如何，父亲总是认真对

待，经常让对方乘兴而来，又连输几盘败兴而去。母亲有时会劝父亲："你就不能让着人家一点？这么不给人家面子，以后谁还理你！"父亲扬起眉毛说："不给别人面子，找我下棋的人也没少，还越来越多呐！"

②我从小就被父亲带进讲智谋、拼勇气、权取舍的象棋世界。

……

⑥我如愿考上理想院校。一晃十多年过去了，整日为工作和生活所累，回家探望父母的次数屈指可数。不料父亲突然大病一场，为照顾他，帮他进行康复训练，我把父母接到了身边。经过半年多的努力，父亲基本恢复了行动能力，只是记忆力大不如前。改善这种情况最好的办法就是让病人多动脑，我第一反应就是多陪父亲下棋。

⑦可是下棋时我才发现，以前那个"乡村棋王"不见了，此刻的父亲拿起棋子半天不知该放

哪里。有一次我实在受不了，就发牢骚：“爸，跟您下棋真急死人！”父亲像个受了委屈的孩子一样，嗫嚅着说：“我不想走错了悔棋。”我突然想起当年父亲教我下棋的情景，不禁鼻子一酸。羞愧、难过一起涌上心头。

⑧后来父亲拿起棋子不知道该放哪儿时，我就指给他一个可以吃到我棋子的地方，又假装懊悔地说：“哎呀，我太大意了。”父亲赢了我，总会露出开心的笑容，话也多起来。母亲背着父亲对我说：“我都能看出来你是让着他，你忘了当初他不让你了？”

⑨我笑而不答，心里说：当初他不让我，是教我守棋道，这里面是有“义”的啊！今天我让着他，正是以“义”报之。棋中不仅有道、有理，其实更有“义”……

请回答：

1. 文末画线部分写得非常耐人寻味，请你简要分析其妙处。

答：________________________________。

2. 请从“棋义”和“棋王”中选择一个作为本文的题目，结合文章内容说明理由。

答：________________________________。

文段二：

①早晨上班经过护城河岸，在花木交易区，看见大棚培育的鲜花散布在土里土气的旧物之间，甚是生动，我便买来几盆。小巧的花盆里，盛开着毛茸茸的红色小花。这种花在童年时的乡村很多见，它们叶子碧绿、花开红艳，且日久不凋，乡下人管这种花叫“长寿梅”。

②我兴冲冲地把几盆长寿梅带到办公室，每个同事的桌角放一盆。已是寒冬，小城万物萧瑟，这一簇簇鲜艳的“梅花”，在桌案上火焰一般跳跃。

同事们都很高兴，王老师大赞：“以前是抬头看见一堆资料，现在好啊，抬头看见花！”抬头看见花，多么好的意境！当伏案劳作，忙到头眼昏花、精疲力尽之时，一抬头，见桌案上一盆小小的长寿梅生机盎然地开着，多么令人欢喜！

……

⑥再从阳台上眺望，那一树树花让我无比温暖，那个往树上绑花的老人似乎也成了一朵花，她和那些花儿像一轮月亮，照着我和更多人的梦。

⑦我还曾走进一个孤寡老人的家，他的腿病使他行走艰难，病发时下不了炕，出不了屋子。他的屋子狭暗，但窗台上摆满各种各样的木花。现在想来，那些生动的色彩是他为自己制造的阳光和火焰，用来温暖、照耀自己。

⑧抬头看见花！这非常值得期待。在喧嚣忙碌的生活里，累了、乏了、倦了的时候，猛然一抬头，与一树花对视，这是多大的幸福啊！但四

时有序，花开有时，那一树花开却常常被急骤的风雨打落，被嘈杂的市声淹没。在没有花开的时节，乐观的人们从不等待，他们用自己的双手和智慧，用纯洁而向美的心灵去创造，让寒冬开花，让枯枝开花，让石头开花……

3. 文中动词的运用生动传神，请你找出一处，结合上下文，简要分析其妙处。

答：________________________________。

4. 纸花、木花不是自然界中真实的花，文章为什么要写这些花？请结合最后一段的相关内容谈谈你的理解。

答：________________________________。

现在语文考题的一个特点是阅读的文字比较多，需要学生有一定的阅读速度，此短文是曾经考试的篇目（有省略）。看这 4 个问题（我把 2 个文段编号成 4 个小问题）：第一个问题“文末画线部分写得非常耐人寻味，请你简要分析其妙处”，第三个问题“文中动词的运用生动传神，请你找出一处，结合上下文，简要分析其妙处”，有的同学一看题目就好像知道了，这两个问题是一样的，大概就是分析一些修辞和用词的妙处，因此每次遇到这样的题都用一样的模板作答。但是，孩子，你有没有去比较一下，这第一问和第三问实际上是不同的，第一问问的是“段落”的作用，它在分析的时候和第三问在内容和情感上有重合的因素，但是作为对段落的考查，还应该分析作答段落在全文结构中的作用，如果你仅分析用词修辞，则第一问只对了一半。

针对第二问和第四问，一个学生问我：“老师，这题目到底是想问我什么？”其实，通过比较你会发现这两个题目都是对文章主旨内容把握的考查，要通过比较一起分析。大家不要去记这个考的是标题，那个考的是对一段话的理解，这样硬记是学不好的。第二问中，“棋义”和“棋王”两个标题均可作为本文的标题，只要结合文章内容说明理由即可。示例一：选“棋义”。“棋义”作为文章的线索，贯穿全文。小时候，父亲教“我”“落子无悔”是“棋义”；高考失利，父亲用“卒”让“我”明白面对困难不退缩的道理，这是“棋义”；父亲生病后，“我”下棋让他，也是“棋义”。所以“棋义”可以作为题目。示例二：选“棋王”。父亲不仅棋艺高超，也懂得并践行棋中蕴含的道理，并用这些道理教育“我”成长；而“我”后来以“义”报答父亲也正是父亲教育“我”的成果。父亲堪称“棋王”。以此为题突出了父亲的形象，表意含蓄，令人回味。

第四问考查的是内容和主旨，结合“在没有花开的时节，乐观的人们从不等待，他们用自己的双手和智慧，用纯洁而向美的心灵去创造，让寒冬开花，让枯枝开花，让石头开花……”“现在想来，那些生动的色彩是他为自己制造的阳光和火焰，用来温暖、照耀自己”等句子可知，环卫工夫妇和孤寡老人制造假花的目的是给自己和他人带来希望和幸福。结合“那个往树上绑花的老人似乎也成了一朵花，她和那些花儿像一轮月亮，照着我和更多人的梦”可知，写这些假花给人们带来希望和幸福，是为了进一步写出这些制造假花的人们的美好形象，赞美了他们乐观的人生态度和纯洁美好如花的心灵。

所以，当我们看到一个阅读题目后，不能觉得“大概”是怎样的就动笔洋洋洒洒写满篇，而是在平时练习中就弄清楚各个题目问法的不同之处并进行分类总结，比如是考查“段的作用”，还是考查“修辞手法”，抑或考查“写作手法”。考试时通过审题，就能迅速把问题归于平时总结的某一类别，明白这一点之后，再进行答题，才能避免答非所问。

## 英语学习中比较方法的应用

英语学习与其他学科有相同的地方，也有自己独特之处。由于英语不是我们的母语，学习英语时更需要做个有心人，需要在学习过程中不忘随时收集语言信息,经过一段时间再对所收集的信息进行加工处理,对所学的知识进行比较并重新认识,掌握英语的语言规律和提高我们正确使用英语的能力,从而达到我们学习英语的目标。比如英语中的“看”多种多样,需要我们不断积累,比较记忆:

1. 请看黑板。Please look at the blackboard.

2. 看那里,我想什么东西烧着了。Look over there, I think something is burning.

3. 他不能看见人群,因为他是盲人。He cannot see the crowd for he is blind.

当然“看”不止这三种,我甚至发现十几种有细微区别的“看”,如果我们不去比较辨析,很难在使用中正确区分。

在英语学习中需要比较的地方非常多,包括中西方文化差异的比较,在学习中如果能自觉运用比较的方法,不仅可以减轻记忆的负担,还能巩固所学的知识,达到灵活运用的目的。

## 数学学习中比较方法的应用

数学学习不能没有比较。以概念学习为例，概念反映事物的本质属性，正确理解概念是正确推理和判断的根据。概念描述一般比较抽象，即使在小学阶段，也存在一定难度，但如果你善于比较，会发现许多概念之间是有密切联系的。例如，“方程的解”和“解方程”是两个不同的概念。我们把使方程左边和右边相等的未知数的值称作“方程的解”。如 $x=5$ 是方程 $6x=30$ 的解，因为把 $x=5$ 代入原方程，$6\times5=30$，方程两边相等。因此，“方程的解”指计算的结果，是一个数。而“解方程”指求出方程的解的过程。比较后可见，“方程的解”中的“解”是一个名词，而“解方程”中的“解”却是一个动词。

另外，我们可以动手做一做，在“做中比”。如在学习“直角”“锐角”“钝角”这些概念时，可以把抽象的概念直观化，自己动手做几个活动的“直角”“锐角”“钝角”，拉动直角，使之与钝角、锐角相比较，观察比较总结出锐角比直角小，钝角比直角大。这样直观地比较，能抽象概括出简单通用的知识，并为激活学生的创新思维奠定基础。

数学学习中的比较无处不在，互逆关系需要比较，复合应用题需要和简单应用题进行比较，新概念的学习需要与旧概念进行比较，一句话，没有比较就没有数学学习。

## 本课总结

有比较，才有鉴别；有鉴别，思维才深刻。比较是一种思维方式，也是一种行之有效的学习方法。由于小学生思考问题还处于感性思维向理性思维过渡的阶段，在知识的易混淆处、难点的突破处等方面，都很容易出错。因此，用好比较这把尺，有利于让学生的思维从感性走向理性。学生越善于比较，其认识事物、掌握知识的能力就越强。

## 方法工具箱　比较学习法

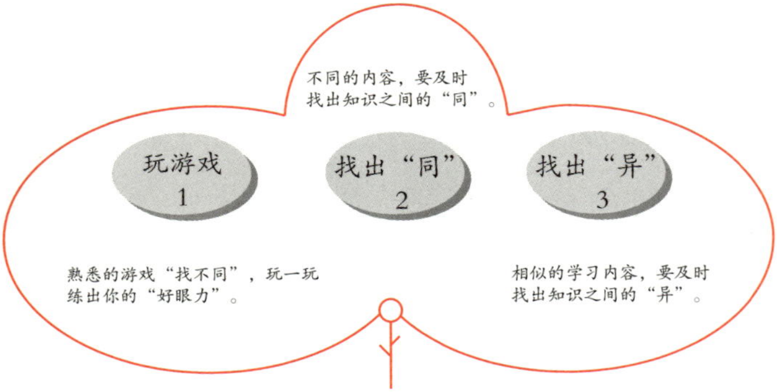
不同的内容，要及时
找出知识之间的“同”。
玩游戏
1
找出“同”
2
找出“异”
3
熟悉的游戏“找不同”，玩一玩
练出你的“好眼力”。
相似的学习内容，要及时
找出知识之间的“异”。

2
Part

# 提高篇

# 第四课
# 笔记学习法

超棒的笔记方法

五星胶水法

及时复习法

加工整理法

## 笔记学习法

笔记学习法就是通过记笔记的方法提升学业。记笔记不仅仅是记录老师讲课内容或摘抄书本内容，我们要科学地记笔记，同时要掌握科学的方法“用笔记”，达到记忆和理解并举，局部和全局打通的目的，融会贯通地学习。

# 记笔记：好记性不如烂笔头

## 重要的事说三遍：记笔记真的很重要

做笔记有助于我们记忆，这一点不言而喻。我一个学生在学习《草船借箭》时做了课堂笔记（见图 4.1），她说：“老师，我看着自己做的这个简单的笔记就可以很容易地把草船借箭的故事复述出来。”笔记可以让我们对文章有一个全局的印象，这只是记笔记的好处之一，不仅如此，记笔记本身是一个学习、记忆的过程，学生通过书写进一步熟悉自己想要记忆的内容。

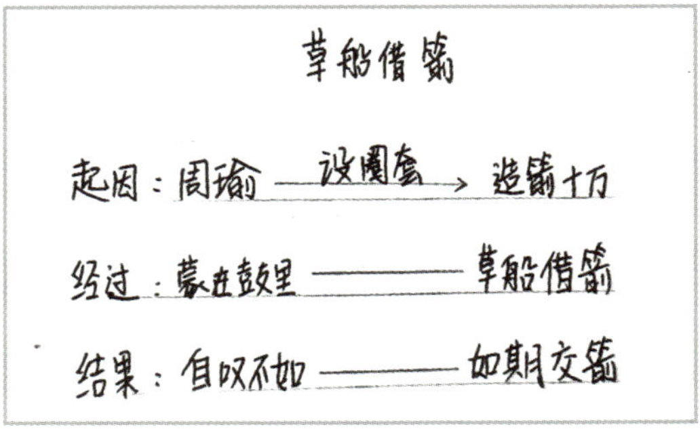


图 4.1　《草船借箭》笔记

喜欢记笔记的同学，尤其是那些能抓住重点且有条理地去记笔记的同学，其逻辑思维也能得到锻炼，因为在记笔记的时候，需要筛选出重要事情，省去关联较少的内容（见图 4.2）。好记性不如烂笔头，大家从今天起坚持记笔记吧，让需要掌握的重点变得一目了然。

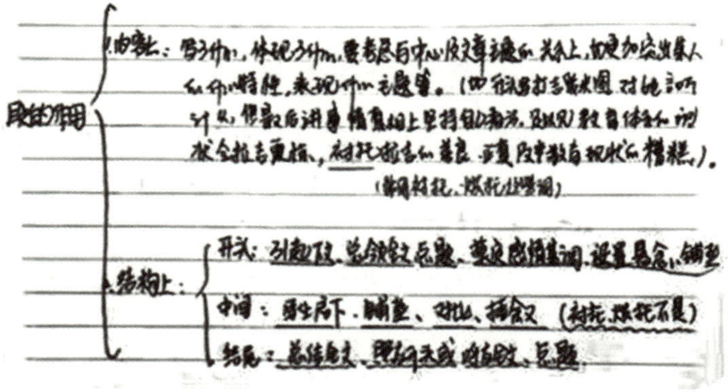

图 4.2　有条理地去记笔记

著名教育家徐特立曾提倡“不动笔墨不读书”“眼过千遍，不如手过一遍”。宋代史学家司马光的巨著《资治通鉴》就是用“苟有可取，随手记录”的方法，坚持不懈做了三十余本读书笔记，并以此为基础编写而成的。我国近代著名思想家梁启超很重视做读书笔记，他认为抄录或记笔记虽麻烦但极其必要，他身边总是有无数小册子或单纸片，读书看见一段资料，觉其有用者即刻抄下，资料渐渐积得丰富，再来整理分析它，便成一篇著作。由此可见，记笔记可以将零散的资料进行分类，让人可以有条有理地记忆，提高对知识的记忆能力。

据我观察，小学低年级的同学由于识字量还比较少，他们一般不记笔记，对于课堂上老师补充的一些内容就直接写在书上，这样是可以的，因为毕竟学的内容比较少，写在书上就够了。但是，孩子进入中高年级就要养成记笔记的习惯，因为所学及拓展内容庞杂，必得记笔记使之有条理。另外，有人把记笔记理解为老师讲什么就记什么，这有什么难的，需要培养吗？孩子没有记录只是懒惰，只要把懒惰改了就好了。然而，事实并非如此简单。

## 【具体方法 13】超棒的笔记方法：康奈尔笔记法

什么是康奈尔笔记法？它是康奈尔大学的教育学博士沃尔特·波克（Walter Pauk）提出的一种笔记方法，包括五个步骤：记录（record）、简化（reduce）、背诵（recite）、思考（reflect）、复习（review）。因为五个单词的英文首字母都为“R”，所以，康奈尔笔记法又被叫作“5R 笔记法”。康奈尔笔记法被广泛运用于课堂、读书会、会议室等场景，它的核心是让笔记页面模块化和系统化，继而帮助使用者更有效率地梳理内容。这种笔记方法易于操作，只需要在我们的笔记本上画 3 个区域。康奈尔笔记法将笔记本划分成笔记栏、线索栏、总结栏 3 个不同的区域（见图 4. 3），不同的区域有着不同的功能。

<table>
<tr><th colspan="2">康奈尔笔记法</th></tr>
<tr><td>线索栏：<br>2. 简化<br>3. 背诵</td><td>笔记栏：<br>1. 记录</td></tr>
<tr><td colspan="2">总结栏：<br>4. 思考<br>5. 复习</td></tr>
</table>

图 4.3　康奈尔笔记分栏

笔记栏中的记录就是使用传统的笔记方法进行填写，主要在听课时使用，需要用简洁的语言把核心知识记录下来，这是康奈尔笔记法的第一步。这步既影响着线索栏和总结栏的填写，又影响着后续的复习，所以在此栏内尽量多记有意义的论据、概念等内容。线索栏是听完课后，用来记录关键知识点的，此栏要经过思考提炼才能落笔填写，可以慢慢延伸、衔接更多的细小知识点。我们要将笔记栏的论据、概念，简明扼要地概括在线索栏中。总结栏的作用是在阶段性学习之后，对整节课的知识点进行再一次的系统复习。在这一栏中，需要记录汇总知识，可以附上公式、方程、图表来总结内容要旨，认真填写总结栏不仅会使我们的思路更加明晰，而且是检查自己是否理解与掌握所学内容的好方法。

最后，需要提示的是，有些同学认为老师讲的内容都是重要的，把课堂内容全部记下来，其学习态度是好的，但是过于详细地记笔记反而会降低学习效率，因为忙着记笔记会忽略了重点、难点。相反，一些同学认为上课听懂了，于是随意记笔记，或者干脆不记，这样也不利于提升学业。

## 方法指导：笔记式学习法

### 奇妙的线条：艾宾浩斯遗忘曲线

德国心理学家艾宾浩斯（H. Ebbinghaus）在研究中发现一个重要规律，学习之后遗忘也随之而来，而且遗忘的速度并不是不变的或均匀的，在开始阶段，遗忘速度最快，之后遗忘速度会逐渐变得缓慢。他认为“保持和遗忘是时间的函数”，并根据实验结果绘成描述遗忘进程的曲线，即著名的艾宾浩斯遗忘曲线（见图 4.4）。

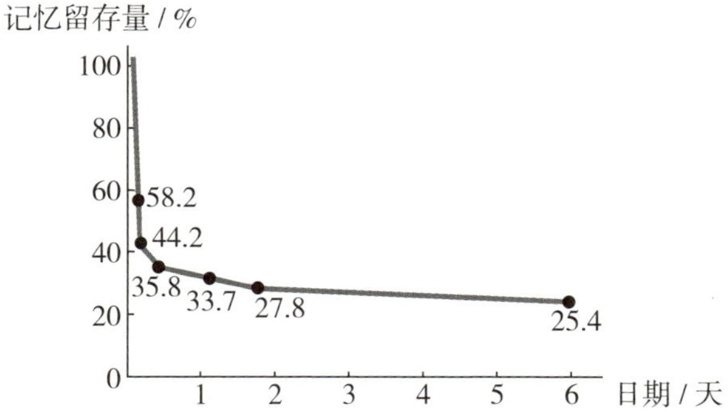


图 4.4　艾宾浩斯遗忘曲线
（资料来源：卢家楣主编：《心理学与教育》，上海教育出版社 1999 年版。）

有心理学者也做过一个相关实验，让两组学生学习一段相同的内容，甲组学生在学习后无任何复习，过一天后记忆率为 36%，一周后只剩下 13%。乙组学生按艾宾浩斯记忆规律及时复习，一天以后记忆率为 98%，一周后记忆率为 86%，乙组的记忆率明显高于甲组。遗忘曲线及相关实验提示我们要及时复习。我调查了一些优秀学生，他们善于用笔记进行复习。一般他们会在晚上把白天记在笔记本上的内容进行复习，复习完成后再写作业；每周都会对上一周的学习内容进行复习；每个月都会对上一月的课堂笔记进行复习。这样循环学习的效果很好，非常值得每位同学借鉴。

## 【具体方法 14】五星胶水法：有重点并尝试归类

五星胶水法，是指用五角星给笔记中自认为是重点的部分做标记，当在其他作业或试卷中发现相关内容时，将其裁剪下来并粘贴在笔记的相关位置。做任何事情都要有个重点，做笔记也一样，凡是笔记中做过标记的地方，就要多重复几遍，这是你曾经卡壳的地方。此外，笔记中标记的内容和你平时单元测试或作业中的一些内容是相关的，当你在其他地方发现同类问题时，一定要把这一类问题都粘贴在笔记之中，学习要有这种问题归类的意识，归纳出自己易错的问题，长期坚持下来你会比较轻松地扫清学习道路上一个又一个的障碍。我的一个学生，她认为典故方面的学习有些难，于是把这一处的笔记画上五角星，期中测试中做错的相关典故也粘贴在笔记中（见图 4.5）。一段时间后，她说自己积累了 20 多个典故，也真正明白了到底什么是典故，而且经过积累，她已经能准确地把典故运用到自己的写作中了。

★

典故是指诗文等所引用的古书中的故事或词句，通常具有教育意义。

“梦蝶”也称“化蝶”。战国时期庄子有一次做梦，梦见变成了蝴蝶，醒后不知是自己变成了蝴蝶，还是蝴蝶变成了自己。后人借此典故指迷惑的梦幻和变化无常的事物。

庄生晓梦迷蝴蝶，望帝春心托杜鹃。

——李商隐《无题》

图 4.5　五星胶水法示例

## 【具体方法 15】及时复习法：知道重要却没有做

### 1. 及时复习，增强记忆

艾宾浩斯遗忘曲线对于学习的启示是要及时复习。

采用艾宾浩斯遗忘曲线的间隔复习，顺应大脑记忆规律，将记忆效率最大化。在具体方法13中，我曾鼓励大家用康奈尔笔记法记录知识点，把浓缩后的要点记在线索栏，常花一点时间来重温，这将会加强记忆效果。你可以用一张纸盖住笔记栏那一部分，试着回答曾经在线索栏中写下的那些问题。然后拿开纸片进行核对，尽可能频繁地复习笔记。在较长时间内，保持及时复习、多次复习的好习惯，而不是在考试前才“临时抱佛脚”，这将极大地深化你对知识的理解度并提高你的记忆。

## 2. 学会复习，升华知识

及时复习或许会有意想不到的收获。马克思写《资本论》阅读过一千种以上的书籍，每本书都有笔记，单纯经济学的笔记就记了24大本，字数相当于《资本论》的2倍，他时常翻看复习自己的笔记，最终升华知识，成就了《资本论》。列宁研究哲学时，凡阅读过的历史、哲学、逻辑、宗教、军事、经济、艺术等类型的书籍，无一不做笔记。后来，列宁复习这些笔记并作了精密整理，印成一本书，这就是我们现在读到的五十多万字的《哲学笔记》。毛主席在湖南第一师范学院读书时，很注重做笔记，他读《伦理学原理》一书，光笔记就记了一万二千多字。另外，毛主席还习惯在自己所读的书的天头地角、字里行间，密密麻麻地写满批注，这样他回顾相关内容时，看到自己的批注心中就有数了。让我们学会复习，升华知识，为将来进行创新打好坚实的基础。

## 【具体方法 16】加工整理法：可能很少有人关注

加工整理是笔记需要的关注点。华罗庚曾说过，我们学习知识有一个“由厚到薄”的过程，必须把已经学过的东西咀嚼、消化，组织整理，反复推敲，融会贯通，提炼出关键问题来，看出来龙去脉，抓住要点。当我们一块又一块地去学知识时，这些知识还是比较零散的，因此，当你学完了一个甚至几个比较大的知识点时，就要学会通过比较去加工整理。

根据我的教学实践经验，加工整理包括以下两个方面：第一个方面是比较知识间的不同，形成自己对知识的理解构建。真正理解了的知识是不容易忘记的，我的一个学生整理了老师课堂上讲过的一个题型（见图 4.6），她在小测试中因为理解有偏差做错题目，于是将自己笔记的内容进行“组装”，把相似的问法放在一起学习。她列出两个自己经常混淆的问法，并明确是在问写作手法，还是在问某个人做了什么事。当她把两种问法放在一起比较时，顿时豁然开朗。

**·注意这两种问法的不同**

1.文中是如何写出她坚强的性格的？

2.为什么称她为超级大英雄？

第一问问的是写作手法，你要回答的是作者如何写的，如直接描写还是间接描写，记得要举例子。

第二问问的是她做了什么事情，有什么特征或贡献等。

（例子在时间期中检测和单元测试3中）

图 4.6　题型整理

加工整理的第二个方面则是把自己笔记里的内容都放进自己的“素材库”里，建立属于自己的有效的知识库，这样有利于在比较的同时快速记忆，也为后期复习做好准备。自己的知识库如何建立呢？以我指导的一位同学整理的标点符号的用法（见图4.7）为例，图中的例子多数是她平时作业中出现的错误，经过一段时间“犯错”后，这些内容在头脑中有比较模糊的认识，在她的笔记中也有零散记录。但是，留这么零散的记录在头脑中或在笔记中，不便于很好地区分记忆，于是他把自己笔记中的错误进行了归类。后来这位同学说：“整理标点后，我的标点再也没有出过错。”

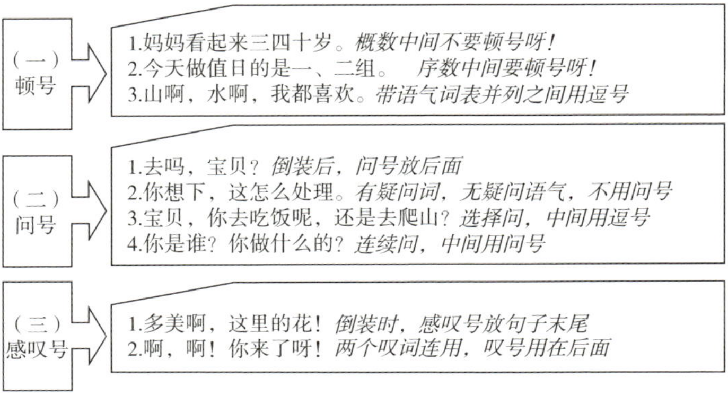


图4.7　标点符号小结

## 本课总结

笔记学习法本质与反思性思维相关。反思性思维是主动地、深入地对已有的学习内容进行再思考。反思不仅仅是“回忆”或“回顾”已有的学习内容，而是重构对已学知识的理解，激活个人的智慧，并产生超越已有信息之上的信息。笔记学习法的应用是反思学习的实践，是深入学习的必然过程。

## 方法工具箱　笔记学习法

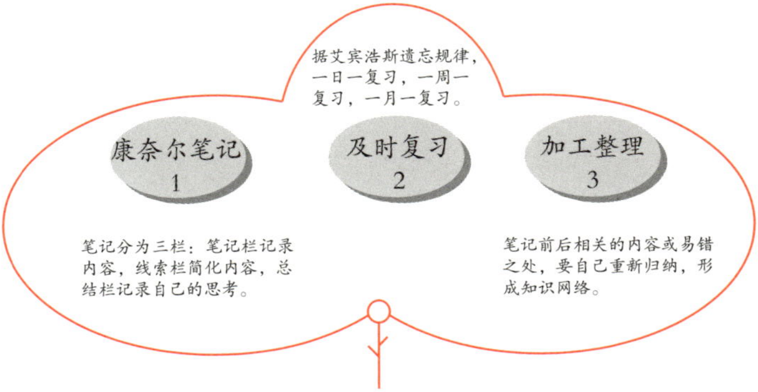
据艾宾浩斯遗忘规律，一日一复习，一周一复习，一月一复习。
康奈尔笔记
1
及时复习
2
加工整理
3
笔记分为三栏：笔记栏记录内容，线索栏简化内容，总结栏记录自己的思考。
笔记前后相关的内容或易错之处，要自己重新归纳，形成知识网络。

# 第五课
# 整本书预习法

整体浏览法

思维导图法

记录问题法

## 整本书预习法

教育家叶圣陶认为："学生通过预习，自己阅读课文，得到理解，当讨论的时候，见到自己的理解与讨论的结果相吻合，就有了成功的快感；或者看到自己的理解与讨论结果不相吻合，就作比量短长的思索。"本章中的整本书预习法是学生在假期中借助一定的参考资料把一册书的内容进行预习，而不是报辅导班提前学习一遍。通过整本书预习，学生能够自主处理简单内容并对知识框架有一定的了解，在此过程中记录下疑难问题，为日后有针对性地学习或探究式学习做好准备。

# 错误认识：整本书预习就是“抢跑”

## 必要性：整本书预习好处多多

整本书预习是基于整体与全局视角的学习。杠杆我们都玩过，整本书预习最大的益处是从整体上对一本书大概的轮廓有所了解，有一个整体思考，而整体思考的关键是找出“杠杆点”，即理解内容的关键点。如果你在整本书预习中找到了这个“杠杆点”，便能在日后老师讲解时专注解决具体问题。如果你没有这样的整体思考，便可能会把自己的注意力集中在对低“杠杆点”的改变，即专注于一些“现状”，仅对学习中所存在“病症”“头痛医头，脚痛医脚”，那怎么能学好呢？整体预习是一种整体思考，有了这种思考，能让你看见学习的结构，这样你才能在学习的长河中如鱼得水。日本早稻田大学教授野口悠纪雄在《超学习法》一书中提出“鸟眼法”，他的原文是这样写的：

“先要把握整体，并以此为根基去理解部分，就像小鸟从上空眺望地面一样。”学习如果有了全局意识，就如同站在高处，从整体的角度去理解局部，从无限的范畴去审视有限，那么，我们的理解就会更准确一些、更完整一些。“一览众山小”说的就是这个意思。

## 问一问：是不是抢在假期把一本书学完了？

整本书预习并不等于提前把书学一遍。如果家长在假期中陪孩子上各种网课，这样做是让孩子提前学习开学后的内容。家长不知道，这种“抢跑”的做法，非但不能帮助孩子更好地提高成绩，还有可能因此影响了他们的学习效果。很多学生正是因为在假期提前学习了新的课程，心理上有所懈怠，以致在开学老师讲课时表现得漫不经心，因为孩子觉得自己已经学会了，完全不需要听讲。长期处在这样的情形下，将对他们的学习产生非常恶劣的影响。整本书预习是学生自己整体浏览思考的过程。从实践来看，在假期中用一点时间把整本书预习一遍的效果非常好，而且很有必要。让学生对还没学习的内容有一个大致的了解和掌握，整本书预习贵在学生自主探索，当然，孩子有余力的话，可以对一些自己感兴趣的内容进行深入研究，下面介绍整本书预习的具体方法。

## 方法指导：整本书预习法

### 【具体方法 17】整体浏览法：了解大概内容

从目录入手掌握结构。既然是预习，当然不能花费太长时间，我们首先要做的是打开并浏览课本的目录。当然你也可以买一本教辅书，现在的教辅书很多，可以去书店挑选一本正规出版的且自己喜欢的教辅书。我们以小学数学第十册为例，你在教辅书上会看得清楚一些，这一册的大致内容有：图形的变换、简单的统计、长方体和正方体、约数和倍数，分数的意义和性质、分数的加法和减法等。对于这些概念你可以先了解一下。有些教辅书上已经把重要知识点列出来，这样你看起来就更方便了，先了解这些概念，在头脑中有个大概印象。当然，如果有你感兴趣的地方，也可以和家长讨论一番，这也是非常不错的选择。

### 【具体方法 18】思维导图法：掌握大概框架

制作思维导图帮助建立联系。当你对教材大概的内容有所了解之后，可以自己画一张思维导图。思维导图能将教科书的内容变成图，让你通过预习，在正式上课前，对将要学习的知识有一个整体的了解。学习内容变成一幅图后，各知识点不再独立存在，思维导图让它们联系起来，知识脉络更加有条理、有层次感，这样便于学生理解和记忆。等到老师正式讲课，学生因为提前做了整体预习，上起课来，会更加自信从容，学习效果也会更好。

我的一个学生在预习完“圆柱和圆锥”这一章后自己制作了思维导图（见图 5.1），他把内容分为 4 个

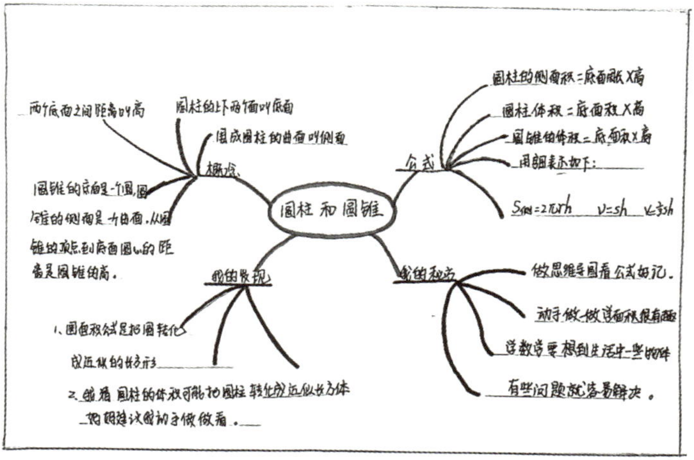


图 5.1　思维导图示例

部分：“概念”“公式”“我的发现”“我的秘方”。除列出这个章节涉及的基本概念和公式外，在“我的发现”这部分写了他自己在学习这一章节时“悟”出来的道理。他特别提到在计算圆面积时曾通过将圆转化拉伸成长方形，于是猜想计算圆柱的体积能否把圆柱转化成长方体。我十分鼓励孩子有类似的猜想，无论对不对，都要大胆去猜，因为猜想是科学研究之前提。难能可贵的是，孩子还决定自己动手去拉伸一个试试。像他这样动手去实践是非常棒的学习方法。另外，他在思维导图中还记录了自己学习的“秘方”，他的总结不一定非常完美，但这是独立思考的结果，因此是非常了不起的预习结果。大家也像他一样，尝试在整本书预习时做思维导图吧！大胆写下自己的猜想，让思想自由驰骋！

### 【具体方法 19】记录问题法：留待探究解决

预习不是把所有的问题都弄明白。预习的主要目的是对即将要学习的内容有一个整体的了解，然后发现问题。这样在上课的时候，有针对性地对自己认为已经了解的内容进行验证及巩固；对有问题的地方答疑解惑，强化记忆。所以，预习的时候有不懂的地方是正常的，带着问题听课，就像带着目的去做一件事，我们的印象会更加深刻。

预习要记录问题，“学贵有疑，小疑则小进，大疑则大进”。“疑”是人类打开宇宙大门的金钥匙。

预习也是做学问，要以一种打破砂锅问到底的精神，多思考几个为什么，这些问题你可以自己探索一番，可以问一问家长，当然也可以先记录在笔记本上。课前预习最大的好处是能提高听课效率。通过预习，对要学的内容有大致的了解，哪些地方看懂了，哪些地方没看懂，做到了心中有数，才能在听课时轻松地跟上老师的思路。这样变被动听课为主动听课，变盲目听课为带着问题听课，大大增强了听课效果。在预习中已经看懂的知识再经过老师讲解，印象会更深；没看懂的地方在老师的帮助下，也会轻而易举地解决，甚至在思考中产生新想法。

## 挑战真题：以语文学科为例，如何进行整本书预习

预习就是提前把一些基础的内容自己“扫清”，在头脑中有整体印象或者产生一些想知道的问题。小

学语文预习应该要做好以下几件事情：

### 字词关

预习中尽可能扫清所有字词障碍。生活中，不少家长抱怨："我的孩子就是字词总写错，也不知道从什么地方抓起，听写也写了，他就是记不住，我们也愁啊，但是也没啥好办法……"字词不会写固然有记不住的原因，我认为这只是一个方面，方法还是很重要的，其实在预习课文时就要扫清大部分字词的障碍。如果孩子之前的字词积累不是很扎实，也无须害怕，只要抓紧做起来，稍微赶一赶，之后字词关就没那么难了。对于难写难记的字词，没有捷径，只能是勤写勤练，其他同学写两遍记住的，你记不住就多写几遍，因为字词这一关人人必须过，如果字词一塌糊涂，其他方面的地基就不牢固。虽然你追赶别人的那一小段时间会觉得有点"苦"，但很快都会过去的。

扫清字词障碍一定要养成爱查字典的好习惯。即使是那么专业的新闻联播的播音员，他们都每人一本字典放在身边随时翻阅，我们作为语言文字的初学者，更要备一本字典及时查阅。预习课文时，往往会遇到没有学过的生字、新词，或以前见过并不熟悉的字词。要了解这些字词的读音、意思或用法，就要求助字典或词典这些无声的老师。中小学生最常用的工具书有《新华字典》《现代汉语词典》《成语词典》等。通过查阅工具书，扫除语言文字的障碍，进而较牢固地掌握字词的读音、意思和用法。

在长期的教学实践中，我发现比较好的掌握字词的方法就是集中识字。这当然不是说我这些天就认字，别的什么也不干了，你看电视、读报纸都是“随文识字”的过程，我说的集中识字是一段时间识较多的字，因为都是在同一段时间里接触学习的，你特别容易混淆，例如“拔”和“拨”，当你混淆时，就会去比较，运用前面提到的比较学习法。无论是读音相同还是字形相近，汉字中容易混淆的字词还是挺多的，如果养成比较与积累的习惯，字词就不用总犯愁了。

如何去集中识字？我自己曾经尝试和孩子玩字的游戏，就是自己制作卡片，把相近的字编排在一起，你不用分得那么细，哪个字是四年级的，哪个字是六年级的。找一个同伴或者家长和你一起“造卡片”“玩卡片”，坚持一两周，你的字词掌握水平就会有非常明显的进步，你可以试一试！

### 古诗文关

中小学语文教材里都是有古诗文的，学习古诗文的重要性不多讲了。现在的学生学习古诗词的“通病”是上来就背诵。他们的目标很清楚：“我要背会，这要考试。”确实说的没有错，要考试的，而且年级越高占分比例越大。但这样能背会吗？我的建议是：古诗文要熟读，记住熟读即可，千万不要一开始就硬背。我为什么要强调这个，因为我看过太多的孩子不读而硬背，这样非常不利于语感的形成，所以不要急着背会，先熟读！根据我的经验，你读熟了，不想背会都困难。另外，我们发现，越是正规的考试，越考查一些你没有学过的古诗文。因此，我们应当反思，到底要怎么学？当你假期里预习古诗文时，千万不要上来就背，你甚至可以和自己说“我根本就没想着要背诵，我就是预习读一读”。学习古诗词，一定要诵读。古诗词只有吟诵，才能吸收它的精华。吟诵不但是读诗、欣赏诗、理解诗的重要秘诀，而且是写作诗歌的入门途径。通过吟诵，你就会慢慢熟悉古诗词中文字的音声、节奏、韵律，属于你自己的诗歌便会随着声音流淌出来。实际上，按照我这样的方法，不需要硬背，但结果你确实背下来了，不信，你试一试呀！

## 链接阅读

语文预习可以结合教材配套的阅读同步进行。我看过很多孩子学校发的教材同步阅读书都没有打开过，这个有点可惜。我们既可以认为阅读是预习，也可以认为阅读不是预习，因为阅读是一个人应该坚持的好习惯。在预习里讲阅读，我主要是想表达读书使课内课外学习有机结合。我们从课堂上掌握的知识需要再消化才能吸收。大量课外阅读能让人把课内学到的知识与从课外书籍中所获取的知识相结合，形成“立体”的、牢固的知识体系。

例如，语文课本中将要学习鲁迅《朝花夕拾》中的一篇文章，你假期中就可以有目的地去看《朝花夕拾》一书，这就是非常好的课内外结合。又如，在三年级下册第八单元“神话故事和民间传说”这一专题下有《古诗两首》《女娲补天》《西门豹》《夸父追日》4 篇课文以及“语文园地”中的成语故事《画龙点睛》等内容。每篇课文或体现神话故事想象的神奇，或体现民间传说中人物品质的美好。你可以读一读《牛郎织女》《嫦娥奔月》《女娲造人》《西门豹罢官》《八仙过海》《包公断案》《后羿射日》《神农尝百草》《鲤鱼跳龙门》等故事，这样再学习课文，会有“一览众山小”的美妙体验。

## 本课总结

整本书预习法实质是自主学习，自主学习是21世纪人类生存的基本能力。《学会生存》一书中强调："未来的文盲不是不识字的人，而是没有学会怎样学习的人。"越高年级的学习或者创造，对自主学习的要求越高。整本书预习法就是学生利用已有知识和经验独立学习、自主学习的过程。

## 方法工具箱　整本书预习法

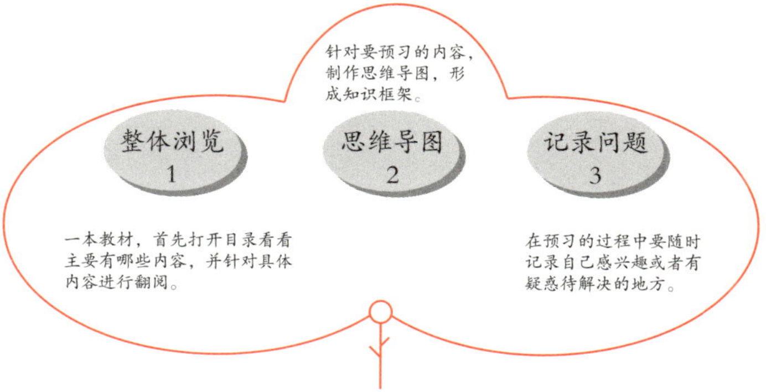

# 第六课
# 故事学习法

编故事法

演故事法

讲故事法

## 故事学习法

故事学习法需学生运用故事思维自主创设一种有意思的学习方式，我们根据学习内容的不同，可以通过听故事、讲故事、编故事、演故事等方式，达到记忆、理解、运用、实践的目的。值得一提的是，故事学习法非常有趣，能够把一些抽象的内容变得生动，或者将一些离我们生活较远的学习内容“拉回”我们身边。

# 听故事：一种必要的输入

## 问一问：听故事是学习吗？

毋庸置疑，听读故事是非常好的学习方式。英国一项研究表明，孩子每天听读故事，不仅有助于提高阅读能力，还能预防出现多动症等行为毛病。如果家长能每天花些时间给孩子讲故事，那么孩子长大后行为出现问题的风险可能会降低。英国教育研究所的研究表明，母亲是否在孩子婴幼儿时期“教”他们识字、数数并经常给他们讲故事，与孩子们日后的学习能力的高低有着直接的关系。此外，如果家长能够认识到在婴幼儿时期开发智力的重要性，并每天在孩子身上投入一点时间，那么孩子日后的认知和学习能力都会得到改善与提高。测试结果还发现，那些每天都有家长给讲故事的孩子，在看图识字测验中的表现要大大好于那些平日没人给他们讲故事的孩子。与此形成鲜明对照的是，那些每天花三四个小时看电视的孩子，在各种测试中的成绩都相对偏低。

## 故事里藏着小秘密

### 1. 故事里有逻辑

故事思维中蕴含系统思考的过程。我的学生非常喜欢看《名侦探柯南》，我担心他们耽误学习。一个学生跟我说："老师，我觉得看这个剧挺考验我的推理能力的，我经常看到前面的某个情节，就推测后面会怎样，结果有很多推测都是对的，我觉得特别有意思。"这个同学说得很真切，故事是有逻辑的。如果我们能从一个个具体的故事中推测，进而剥离出其逻辑，我们的逻辑思维能力将获得一定的提升。

### 2. 故事里有全局

故事思维是一种全局思维。我的一个学生拿着她的作文来找我说："老师，我这篇作文，我非常认真地写了，里面用了很多平时积累的好词好句，可是老师给我打这么低的分……”我接过作文一看，文章里面确实有一些优美的句子，但是文章没有整体的结构。于是对她说：“写作文，首先得构建一个框架，就像盖房子，先得有一个钢架结构，然后再考虑局部用木板还是用水泥板，如果整体结构不坚固，无论用再美观的材料，整个房子都是摇摇欲坠的。你用了不少好词好句，值得鼓励，但还要在作文的全局上下功夫呀！”可见全局的布置是多么重要。

讲好一个故事，需要语言逻辑严丝合缝，需要考虑人与事的各种关联，没有全局思考能力是不可能讲出有感染力的故事的。例如，当你想表现一个人物的英雄形象时，你可能先会描写英雄所处环境的艰苦或者紧急，这里你已经在进行全局思考了，因为将英雄人物放置于艰苦的环境中，才能突出他的品质。如果我们缺乏全局思维，不妨先大量阅读故事，这是一种必要的输入。

## 故事思维与小学生学习

所谓故事思维，简单地说就是会讲故事。讲好故事并不容易，我们要把一些观点和道理或一些想法用故事的方式呈现出来，这样比硬生生地说一个道理或强调一个事实更加易于让人接受。我们在思考和表达时，如果善于运用故事的力量，用故事来表达一个观点、一个道理、一条规则、一个场景，那么在理解、记忆、说服、行动等方面，都会达到事半功倍的效果。

讲故事不仅是一种技巧，更是一种思维方式。借助故事可以更有效地激励、说服与影响他人。故事思维对学生的课堂学习有非常大的帮助。我是一个爱讲故事的老师，有一天和学生分享了一个故事：

一个国王做了一个梦，他请一个大师给他解梦，这个大师说："国王，您家人都将早早死去，只剩下孤零零的你。"国王听了大怒并下令杀了这个大师。然后，国王又找来一位大师解梦，大师说："国王，您的寿命要比你家里人长好多。"国王听了很高兴，还奖励了大师。

故事讲完，我想着学生们肯定要问为什么意思一样的话会让人有如此不同的感受？我想强调的是说话的方式很重要，说话是一门艺术。然而，一个学生问我："怎么会有这么野蛮的行为？"当时全班都震住了，我马上解释："在封建社会里，国王权力至高无上。"没想到学生把这个故事"牵引"到一个我完全没有想到的氛围中。有一个学生讲述了他阅读过的历史上的"暴君"，还推荐大家读历史名著。更令我吃惊的是，一个月下来，同学们在愉快的氛围中阅读了3本名著，还组织了讲历史故事的比赛。故事的力量真是了不起！

## 方法指导：故事学习法

### 【具体方法 20】编故事法：快乐地记住不亦乐乎？

创编故事帮助记忆。学习离不开记忆，特别是涉及外来文化的内容，学生常觉得内容无内在的联系，只能依靠强行记忆，比如英语中的一词多义。这里就不得不提到编故事法，它能把无关联、无规律、碎片化的信息，枯燥、乏味、沉闷的信息，连接、组织、加工成一个“有意义的、有情节的、有熟悉度的”鲜活故事，便于我们整体记忆。编故事法是利用故事记忆信息，并且让信息记得快、准、久的一种“万能法则”，它的适用范围非常广，可用于记忆简单、简短的信息，比如年代历史事件、作家作品、地理常识等；也可以用于记忆比较复杂、抽象的信息，比如长篇诗歌、知识归纳罗列的要点等。

掌握编故事法，你将收获快速掌握记忆法的学习精髓。编故事法是把要记的东西用一篇故事连贯起来，需充分调动你大脑中储存的情节素材来编故事。这时，你就会惊奇地发现大脑由逻辑思维急速向形象思维归顺，一个个有趣的故事内容会很快在你脑海中浮现！快乐地去记忆，不亦乐乎？

我的一个学生，她记忆英语中的一词多义总是最快的，我问她有什么秘诀，她笑了笑给我举了一个例子："老师，像词组'take off'我就自己编了一个故事，有一天我匆匆'离开'（take off）家登上了飞机，然后'脱下'（take off）外套，'取下'（take off）眼镜，飞机就'起飞'（take off）了，我很享受自己的旅行。"我听了在哈哈大笑的同时，也被她"高明"的方法感动，我上学的时候确实总是记不住这些词义，如果你也学她这样，用编故事的方法一下子记住一个词组的好几个意思，是不是很开心？快来试一试编故事法吧！

## 【具体方法 21】演故事法：理解，在故事的丛林中穿行

好故事能帮助你深刻理解内容。以故事的方式来理解学习内容会事半功倍。“新中国的成立”这一主题在小学《语文》和《道德与法治》教材中都有涉及，内容包括中国共产党人在黑暗中的探索，革命者不惜牺牲自己的生命拯救危难的中国，以及二万五千里长征等，旨在让学生感受新中国成立的艰难，珍惜今天的幸福生活。我的学生自己查阅资料写成故事（剧本），自己展演故事，过程如下：

（1）演前准备。学生在课前需要重点学习的内容有两个：第一，要认真观看视频、阅读课本以及查阅其他资料，从中筛选并在头脑中形成自己的理解；第二，准备自己在戏剧中参演的角色并做好相互配合的准备。

（2）展演开始。张千同学的小组带来“鸦片战争”的表演，同学们感受到了被外国侵略的欺辱。崔晓小

组带来“虎门销烟”，“林则徐”一声令下，浓烟滚滚，同学们都坐直了腰。“五四运动”的号角吹响，全体同学高喊：“拒绝在和约上签字，外争国权，内惩国贼！”刘一新小组带来“红军长征过草地”，同学们充分感受到红军长征的艰苦卓绝。最后，扮演毛主席的李天上台宣布，“中华人民共和国中央人民政府，今天成立了”，全体同学合唱《义勇军进行曲》把整个课堂的学习氛围推向高潮。

（3）评价——“展演护照”。学生的评价一直贯穿整个课程，学生从观看视频、查阅资料开始，就需要在设计的“展演护照”上记录并反思自己的行为。在展演阶段，更需要对自己以及同伴的行为进行思考和判断，每一小组展演完毕都可以为自己小组争得相应的分数。每个人都有一本“展演护照”，自己在“展演护照”上可以评价哪一方面做得比较好，或者记录自己遇到了什么难题，怎么解决的；在展演中第一次尝试的事是什么，怎样做可能会更好。当然，学生可以邀请家长、老师或者同伴在“展演护照”上留言，此评价方式为教师的引导调整提供及时的反馈信息。当然，在评价过程中，老师或者家长可以通过观察学生的各种表现，及时鼓励和指导学生采取进一步行动。

经历编演故事后，学生自主学习的热情高涨，对故事的理解也更加深刻。马书研同学说：“老师，故事展演特别有意思，特别好玩，我们都不想下课，要是所有老师都这样上课就好了。”从学生得意的笑容和自豪的言语中，我感受到她上课的幸福感。如果课程让学生觉得“好玩”，而且“玩”得认真，那该多好。同学们乐此不疲地查阅各种资料和亲身实践。为了把剧中的人物表演得很“到位”，有一个学生在她的“展演护照”中写道：“原来我听说红军长征很苦，但没想到是这么苦。为了这次展演，爷爷给我编了双毛草鞋，我就穿上试试，这一试，我真的懂了爷爷说的话，脚难受极了，况且我才穿着走了一小会儿……”学生的话语是朴素的，但体会是深刻的，也许这就是最好的体验学习吧！

## 【具体方法 22】讲故事法：做一个能深入浅出的学习高手

### 1. 故事与语文学科

会讲故事是写作文重要的一环。我们写作中常见的是记叙文，写记叙文说白了就是要会讲故事，要抓住重点写出让人想听的故事。当然，写作文还有很多的影响因素，这里不一一讨论。我们不仅要及时发现身边的故事而且要讲好，这样你的写作就不愁了。我在学校中就发现了这样的故事：孩子们忙于准备“六一”演出，由于排练时间紧张且各组集中排练，教室场地紧张，有的孩子不得不在过道练习（见图6.1）。我想这个过道不就是一个很好的故事吗？我和一个孩子沟通后，邀请他写一写这个过道的故事，他是这样写的：

图 6.1　过道中排练

学校里我们排练用的这个过道，因为在地下室，所以平时根本没有人来，它长不过四米，宽也就一米左右。和宽敞的教室相比，它是那么简陋质朴。然而，我相信，凡是在这里排练过的同学都对它有着特殊的感情，尽管那只不过是生命长河中太短暂的瞬间停留，但它依然像兄弟一样，为我们演出的同学加油鼓劲！

平时，我们从没在这里停留过，今年，因为

“六一”演出，我们经常在这里相聚。我注意到墙壁上那些灯光，如黄昏迎来的晚霞一样美丽、微弱而坚定。蓦然间我仿佛看见了母亲的目光，那种低垂的、慈爱的、鼓励的、母亲的目光！我是母亲天空中的一颗星星，我应该学会并懂得怎样发光发热……以后的数次排练，我都是提前在那个狭窄的过道里等待，练完了，我又会站一会，去听听它与我共同呼吸的声音……

孩子把这个故事叙述得非常好！就这样一个题材，如果孩子能有感而发，那这个故事就能被讲述得非常真切且有感染力。观察是思维的触角，故事是思维的呈现，学习者认识世界、增长知识的重要一环是讲故事。在日常学习过程中，我们就要从平常的事物中看出不平常的东西来，探寻和发现因果联系，去讲述一个真实的故事。好作文就是这样练出来的。

语文学习与故事紧密相连。语文学习中的故事还是非常多的。在学习汉字的过程中，我的学生发现通常每个汉字背后都有一个故事，他和大家分享了“妻”字的故事：

“妻”这个字有点难写，无论是在甲骨文还是在金文当中，古“妻”字（见图 6.2）中像是有一个半跪着的被奴役的女子。在古代的家庭中，妻子对于丈夫来说永远处于被支配的地位，也就是说“妻”不可能与丈夫“齐”，不可能享有与丈夫平等的地位。

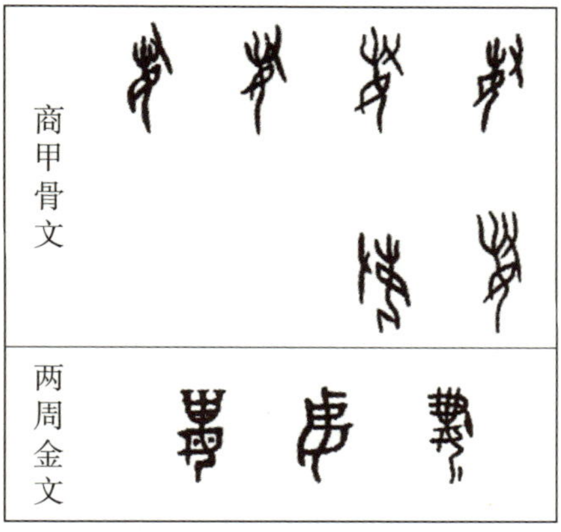


图 6.2　古“妻”字

女子的头发还是飘散凌乱的，另外一只手伸向女子的头，即将把她的头发抓住。可见“妻”是一个会意字，大概的意思是：用手去抓住一个女子的头发。古文中，这个“妻”字还生动地展现了上古社会中抢夺别人家的女子作为自己配偶的一种风俗。随着社会的进步，这种抢婚不存在了，但是类似的习俗依然存在。现在一些地方流行的娶亲要在天亮之前，或者是在天黑时的习俗，还能看到古代“抢妻”习俗的痕迹。不过，现在“抢妻”只是个形式，是个游戏，是得到同意的“抢”，保留这个习俗给结婚增添了很多乐趣。

值得一提的是，讲这个汉字故事的孩子由此对中国传统文化中女性地位有了比较多的思考，他阅读了相关书籍后，自己做了幻灯片，给同学们讲了一场小讲座，非常精彩。这就是故事的魅力。

此外，选入教材中的每一篇记叙文都是一个生动的有内涵的故事。语文教材中涉及的故事类型多样，有神话故事、寓言故事、历史故事等，这些故事有着深厚的文化底蕴，同学们在学习语文的过程中不仅要读这些故事，更要从故事中去了解人物，理解关系，获得启发，最终形成自己的知识网络。

### 2. 故事与数学学科

数学学科中的故事别有一番风味。特级教师华应龙讲解的“阅兵中的数学故事”主题课程首先讲故事：在阅兵过程中，踢正步通过检阅区的那一刻是神圣的。然后提出数学问题：那神圣的一刻有多长时间呢？阅兵特别强调分秒不误、毫厘不差。我在看同学们发现问题、提出问题的课前作业时，发现有同学注意到了这点并指出阅兵的时间误差不允许超过 0.3 秒，距离误差不允许超过 0.02 米，很精确！阅兵指挥官一定会计算方队通过检阅区的时间是多少秒。要解决这个问题，需要知道哪些数据呢？孩子们进入解决数学问题的思考中。

这节课，学生感受到阅兵故事之美，也感受到数学的魅力。学生用故事、画面和数据描述阅兵之美，并从中发现蕴含的规律，真正感受到数学与生活的联系。让我们也一起发现数学中藏着的故事吧！

### 3. 故事与道德与法治学科

故事会出现在考试的试题中，某市四年级道德与法治的检测中有这样一个续写故事题：

> 在汶川地震以后，王老大被压在废墟下面很久，武警官兵把他抬了出来，他已经说不出话来，奄奄一息了。他指着自己的手腕上的一行字“我欠老张 3000 元”，请你续写。

我想这道题比较简单，续写还钱就对了。万万没想到学生有写武警官兵继续救人的，有写医生在手术台上怎么抢救王老大的，就是没有人写看到这个场面自己的心情。我问一个同学：“为什么你写抢救王老大呢？”他说：“王老大都奄奄一息了，不要抢救吗？”出乎我意料，于是不得不思考为什么会出现这样的问题。从语文的角度，有很多理由可以解释，比如学生想象不合理，没读懂等。但是，更深层次的原因是学生的故事思维出现了偏差。当我们读到这个故事的时候，应该马上有一个整体的感觉，写这个故事的意图可能是要表现王老大的某种品质，其余的情节都是为表现他而出现的。如果我们着力去描写医生医术如何高超就跑题了。因此，学生跑题的根源不是他的语感不好，而是缺乏故事思维。

如果我们善于把学习的内容以故事的形式分享出来，那么，你一定是个“学习高手”。

## 本课总结

故事学习法实质是让学生养成故事力。讲好故事体现人类的高度智慧，其中凝聚了情商、沟通力、领导力、战略性思维等综合能力。美国心理学家罗杰斯曾说：“人类生来并不能很好地理解逻辑，但是却能很好地理解故事。”故事把信息置于一个场景中，让信息具有强烈的情感冲击力。故事力是用故事思维去看待世界并用故事与世界沟通的能力。故事学习法正是着重培养小学生的故事力。

## 方法工具箱　故事学习法

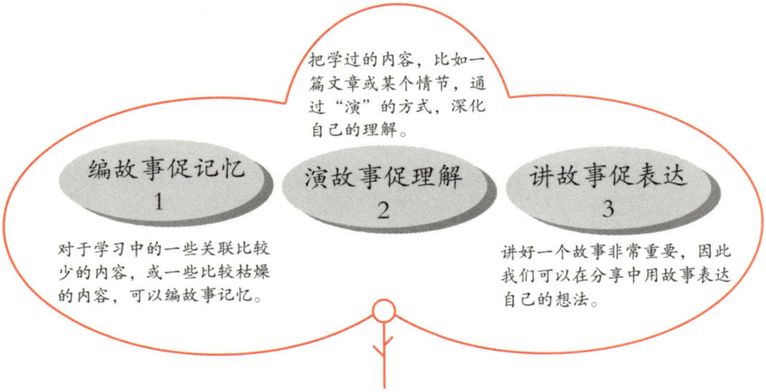
把学过的内容，比如一篇文章或某个情节，通过“演”的方式，深化自己的理解。
编故事促记忆
1
演故事促理解
2
讲故事促表达
3
对于学习中的一些关联比较少的内容，或一些比较枯燥的内容，可以编故事记忆。
讲好一个故事非常重要，因此我们可以在分享中用故事表达自己的想法。

3

Part

# 拓展篇

# 第七课 分享式学习法

自我暗示法

搭“小窝”法

兴趣分享法

巩固分享法

应用分享法

困惑分享法

## 分享式学习法

分享式学习法要求学习者把学习的内容按照自己的理解讲解出来，有时老师让你上台讲黑板上的某个题，这就是分享式学习的一种形式。分享式学习能在一定水平上激发学生的学习热情，不仅锻炼学生的语言表达能力，还能帮助学生了解知识的来龙去脉，让学生及时发现思维中的闪光点或存在的漏洞，最终捋清整个思路。

# 分享式学习：一种隐蔽的高效学习方法

## 分享能提升学业？

### 阴差阳错的农民伯伯

不经意的分享可能会产生意想不到的功效。在江苏盐城的一个小村，有这样一位农民伯伯，他一个字也不认识。当他儿子考入北京大学后，学校为了激励一下其他家长，想请这位父亲分享一下他是如何培养孩子的。这位朴实的父亲着实非常为难，他连连说道：“我真的不知道，我不识字，没有什么教育方法，也不懂什么教育方法。”难道真的是让孩子野蛮生长就能成功？这个问题确实很难用一句肯定或否定的话来回答。人们在和这位父亲交流时，他无意中透露了这样一个事实，他说：“我没有什么方法，小时候家里太穷，我没有读过书，看孩子读书时我也想看看，但是我不认识字，孩子见我那么想学，有空的时候就会给我讲讲他学了啥，孩子鼓励我好好学，建议我以后报个老年大学，继续圆自己的读书梦……"

听了这位父亲的话，人们不禁感叹：他也许没有意识到方法，却是在实施最好的方法。所以，亲爱的同学们，分享式学习太重要了，千万不要只会"埋头拉车"，要学会"抬头分享"，这样才能事半功倍哦！

## 学习效果金字塔理论

美国学者爱德加·戴尔（Edgar Dale）于1946年提出了"学习金字塔"（见图7.1）[①]理论。他以语言学习为例，认为在初次学习的两个星期后：听讲能记住学习内容的5%；阅读能够记住学习内容的10%；

① 参见《学习金字塔理论及教学中应用》，载搜狐网2016年3月8日，https://www.sohu.com/a/62379358_147189。

视听能够记住学习内容的20%；演示能够记住30%；参与讨论，发言能够记住50%；做报告，给别人讲，亲身体验，动手做等实践能够掌握75%；而将自己所学会的东西教授给他人，则能够记住学习内容的90%。爱德加·戴尔提出，学习效果在30%以下的几种传统方式，都是个人学习或被动学习；而学习效果在50%以上的，都是团队学习、主动学习和参与式学习。

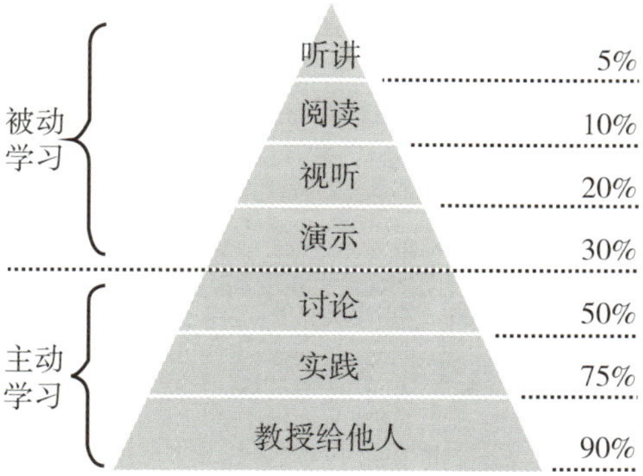


图7.1　学习效果金字塔

美国缅因州国家训练实验室做过类似的研究，结论跟戴尔的结论惊人地相似，主动学习则学习效率高，被动学习的内容的平均留存率低。换句话说，如果你学习的主要方式就是听课，那么掌握的知识很少，就是自然的结果。这也符合我们的直觉，很多事情你自己觉得知道，但是要讲给别人却很困难，而要教会他人，那你会明显感觉自己的知识还不够用，还得去补充很多其他内容，还得让自己的思路更加系统和条理化。因此，如果你想着教会他人某个知识点，通常你自己就是学得最多的那个人。所以，我告诉学生一个经验：如果有什么知识点是自己不懂而且觉得很难学会的，你就与同学讨论，先试着自己讲给别人听，在此过程中你可能捋清困惑点并获得解决。然后你要复述强化，再教会别的同学。很神奇的是，你教会别人的同时，自己也就牢牢掌握了这个知识点。

学习效果金字塔理论告诉我们，学习方法不同，学习效果大不一样。因此，我们要学会调整甚至改变学习方式，要从被动学习转变为主动学习，要耳、眼、脑、口、手并用。学习中要多分享，在分享中掌握知识，生成能力，从而真正实现从知识到能力的转化，真正将知识掌握牢靠。事实上，有一些同学经常掉入的陷阱是大量做题，就是你们所说的“刷题”，碰到不会做的就看参考答案，看完答案貌似懂了，其实并没真正明白。这种情况下，你的学习方式是阅读，而不是实际应用，因此效果不好。那么，从今天开始，我们就要着重采用处于学习金字塔底端的讨论、实践、教授给他人等主动学习方式，一起来见证分享式学习的效果吧！

## 方法指导：分享式学习法

### 【具体方法 23】自我暗示法：分享是快乐的

许多人和别人分享时会有不同程度的紧张，特别是在一些比较“正式”的场合。紧张是正常的，你要知道，即使是一些著名的演说家，他们上台分享都会有些紧张，担心自己讲不好会对不起倾听者。因为认真和在乎，产生了紧张情绪。怎样克服紧张呢？记者采访过央视的播音员，他们说为了克服紧张，会进行无数次练习，熟悉了就会好很多。我们要正确认识紧张这一情绪。紧张是正常反应，不紧张才是不正常的，当一个人不关心某事时，他就不会紧张。其实，大部分人一开始当众讲话都是很紧张的。卡耐基曾经调查过自己的学生，发现80%~90%的人都有过害怕当众分享的感觉。

既然认识到紧张是正常的，接下来就要做好分享前的准备工作，因为你准备得越充分，你就越会有信心，越不容易紧张。在心理上一定要不断进行自我暗示："分享是快乐的，大家都喜欢我的分享。"当你即将上台分享时，要迅速集中自己的想法，并且要在短短的1分钟之内决定要讲些什么，以及自己要向听者展现什么内容，传递何种思想。当然这种准备是针对即兴分享的情况；对于有足够多时间准备的分享，我们就要在背后多下苦功，勤于练习。要知道，哪怕刚开始分享得比较糟糕，也没有关系，总得有一个过程。因为害怕而不去分享才是最糟糕的事。

## 【具体方法 24】搭“小窝”法：为分享创造条件

当我们准备去分享的时候，确定分享的对象是第一步，我们可以根据自己的情况去选择恰当的分享对象。一开始分享时，你可能很紧张，那可以先选择小范围的“听众”，比如你的一个好朋友或者父母、爷爷奶奶等让你觉得亲近的人。坚持一段时间后，听众可以从一两个人变成三个人或五个人，如果分享对象是你的三五好友，因为你们是同龄人（见图 7.2），更

图 7.2　同龄人分享

容易引发共鸣，共同去探讨一些问题将对你们都有益。坚持分享下去，你一定可以克服紧张的心理。

分享对象也可以是特定场合的陌生人，比如你在公园里，看到一个小朋友在玩漂浮的水上项目，他特别好奇为什么橡皮艇在水上是漂着的，而石头掉水里就沉下去了。有的人能自由漂浮在水面，而自己在水里却漂不起来。这时你就可以把你学到的科学知识有条有理地分享给他。当你热心帮助别人的同时，被帮助的人也为你创造了分享的条件和机会,这是实践学习极佳的机会。

### 【具体方法 25】兴趣分享法：选择感兴趣的点“大做文章”

分享想法是个不错的选择。如果说分享故事是我们的基本功，那么，当我们已经学会讲故事后，可以进行更高一级的“分享”，即分享想法。由内容到想法是从感知到感受的过程，这个过程很重要。因为，想法可以指导人的行为。如果你是一个文学爱好者，你可以分享书啊！例如，从《毛毛》这本书中，我们会产生过一种闲适生活的想法，千万不能让灰灰先生偷走我们的时间，童年的快乐时光是多么值得珍惜啊！再如，读了《亲爱的汉修先生》一书，我们或许可以产生某种与自己、与他人交流的想法，心中想着他人，自己也会发生更加积极的改变。时事也是一个非常好的切入点，例如，有同学对杭州第 19 届亚运会的奖牌设置很感兴趣，他是这样分享的：

杭州第 19 届亚运会的奖牌取名为“湖山”，设计灵感源自五千年良渚文明。“湖山”正面用灵动线条勾勒“三面云山一面城”的杭城画卷，呈现杭州山水别致景观，展现中国江南水乡文化。奖牌整体设计别具一格，体现了美美与共、和而不同的丰富含义。奖牌设计意象凝聚了杭州三大世界文化遗产——西湖、大运河、良渚古城遗址。奖牌设计首次采用“方圆相融”，将方形玉琮和圆形奖章合为一体，打破亚运会标志放在奖牌中心的常规思维，将标志融合在开阔的画卷之上，体现开放包容的东方神韵。

结合自己的兴趣爱好进行分享。如果你是一个下棋爱好者，你可以分享一下自己下棋的心得体会；如果你有学习数学的巧囊妙计，可以给同学们做“微讲座”，相信会受到同学们欢迎的。要记住：每一次分享不仅会让别人更了解你，也会让你获得自我成长。

### 【具体方法26】巩固分享法：学习内容的清晰表述

在讲述内容之前，我们先看一篇阅读理解。

#### 妈妈爱吃鱼头

在我依稀记事的时候，家里很穷，一个月难得吃上一次鱼肉。每次吃鱼，妈妈先把鱼头夹在自己碗里，把鱼肚子上的肉夹下，极仔细地捡去很少的几根大刺，放在我碗里，其余的便是父亲的了。当我也吵着要吃鱼头时，她总是说："妈妈喜欢吃鱼头。"我想，鱼头一定很好吃。有一次父亲不在家，我趁妈妈盛饭之际，夹了一个，吃来吃去，觉得没鱼肚子上的肉好吃。那年外婆从江北到我家，妈妈买了家乡很贵的鲑鱼。吃饭时，妈妈把本属于我的那块鱼肚子上的肉，夹进了外婆的碗里。外婆说："你忘啦？妈妈最喜欢吃鱼头。"外婆眯缝着眼，慢慢地挑去那几根大刺，放进我的碗里，并说："伢啦，你吃。"接着，外婆就夹起鱼头，用没牙的嘴，津津有味地嘲着，不时吐出一根根小刺。我一边吃着没刺的鱼肉，一边想："怎么？妈妈的妈妈也喜欢吃鱼头？"29 岁时，我成了家，另立门户。生活好了，我俩经常买些鱼肉之类的好菜。每次吃鱼，最后剩下的，总是几个无人问津的鱼头。而立之年，喜得千金。转眼女儿也能自己吃饭了。有一次午餐，妻子夹了一块鱼肚子上的肉，极麻利地捡去大刺，放在女儿的碗里。自己却夹起了鱼头。女儿见状也吵着要吃鱼头。妻子说："乖孩子，妈妈喜欢吃鱼头。"谁知女儿说什么也不答应，非要吃不可。妻子无奈，好不容易从鱼肋边挑出点没刺的肉来，可女儿吃了马上吐出，连说不好吃，从此再不要吃鱼头了。打那以后，每逢吃鱼，妻子便将鱼肚子上的肉夹给女儿，女儿总是很艰难地用汤匙切下鱼头，放进妈妈的碗里，很孝顺地说："妈妈，您吃鱼头。"打那以后，我悟出了一个道理：女人做了母亲，便喜欢吃鱼头了。

（1）这篇文章写了一件什么事？

（2）"一个月难得吃上一次鱼肉"中的"难得"能否去掉？为什么？

（3）假如你是文章中的"我"，你认为这块鱼头该给谁？为什么？

（4）女儿总是很艰难地用汤匙切下鱼头，放进妈妈的碗里，很孝顺地说："妈妈，您吃鱼头。"你认为他的女儿孝顺吗？谈谈你的看法。

当这篇短文出现在试卷中的时候，有个同学对这道题的第一问是这样回答的（见图 7.3）：

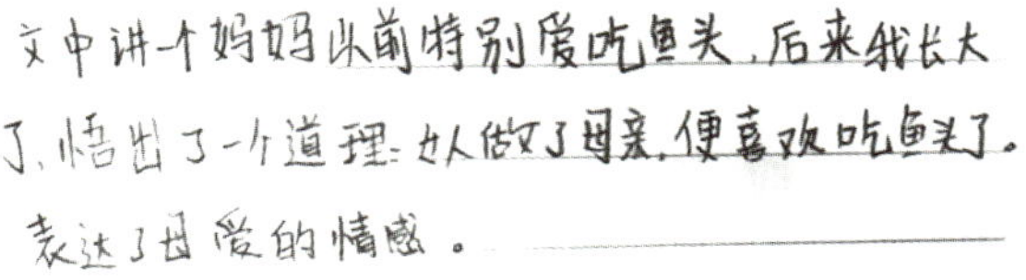
文中讲一个妈妈以前特别爱吃鱼头，后来我长大
了，悟出了一个道理：女人做了母亲，便喜欢吃鱼头了。
表达了母爱的情感。

图 7.3　学生答题示例

我看过后特别想知道他是怎么想的，我就问了这个同学。他说：“课文前面讲的是妈妈喜欢吃鱼头，文章最后一句话是中心，我找到了，我觉得这篇文章是讲母爱的。”听了这个同学的回答，我们可以发现他对这篇文章的理解是支离破碎的，题目问的是文章写了一件什么事情，而他根本没有说清楚事情，就着急去找寻文章的中心思想。他并没有发现文字背后的意思，只是照搬下来，只是大概猜测文章是在写母爱，这对回答这一道题并无大的帮助。

针对这样的问题，我们平时可以把自己学到的课文跟别人分享交流，这是对所学内容的巩固，在分享中及时发现自己理解的不足和偏颇之处，经过大家一同探讨补充并经常进行巩固分享法的练习，我们就能准确全面地概括课文的主要内容，理解文章的主要意思。当然，这个分享式学习法也适用于数学。在理科的分享中，往往可以获得新的解题角度。课堂上，一个同学分享："鸡兔同笼，共有 35 个头，94 只脚，问鸡和兔各有多少只？这是我爸留给我的思考题，我尝试用方程也没有解出来。"另一名同学马上补充："这个题很有意思，可以用假设法，我们假设笼子里全是鸡，则 35 只鸡有 70 只脚，这比题目中给的脚数多出来 24 只。我们想一想，多出来的是兔子脚啊。一只兔子多出来 2 只脚，24 只脚就是有 12 只兔子呀！知道了兔子的数量，鸡的数量就好算多了，只是一个减法问题，总数量 35 只减去 12 只兔子就是 23 只鸡。"这个问题是不是越分享越有意思？大家分享一些知识点，其实是在复习巩固，也是在老师讲解基础上的再学习。所以，多多地把你学过的内容和他人分享吧！

## 【具体方法 27】应用分享法：知识运用到实际生活中

应用分享法致力于培养学生看过真题后，逆向倒推，反思平时应该如何结合生活实际去学习的能力。

汽车的安全措施之一是行车要系安全带。快速行驶的汽车突然发生事故时，系安全带可以避免车内的人由于惯性受到伤害。你知道吗？汽车还设置了头枕，头枕处在座椅靠背上方乘客的头部位置，是一个固定且表面较软的枕头，这也是一项安全措施。

请你解释在发生汽车追尾（机动车行驶中后一辆车的前部撞上前一辆车的尾部）事故时，头枕起到什么作用？

有一些同学看到此题很“懵”，想不起来书上哪里讲了这个内容。我们先抛开问题，想象生活中发生汽车追尾事故时的情景：原来前面的车速度较慢或处于静止状态，当发生“追尾”时，前车突然加速，坐在座椅上的人由于惯性，保持原来的慢速运动或静止状态，头会突然后仰。通过结合生活实际，我们自然而然明白这时较软的头枕会保护后仰的头部、颈部不受伤。本题就迎刃而解了。

此题考的是惯性知识，与生活实际结合得很紧密，需要同学们在生活中多留心思考。近些年来考试也在寻找与生活切合的角度，越来越重视考查学习内容在现实生活中的应用。《全日制小学数学教学大纲》指出：“使学生能够理解和掌握所学的数学知识，并且能够运用这些知识去解决日常生活和生产劳动中的一些实际问题，在小学数学教学中，必须注意理论联系实际。”

这一要求体现了数学与实际生活的关系，即数学来源于实际生活，数学又为实际生活服务，二者相互依存，缺一不可。完整的教学过程包括抽象符号变换和实际应用，例如，游乐场里的纽带式滑梯是“莫比乌斯圈”（见图 7.4）在实际生活中的应用，这就是数学与生活相结合的产物。一个同学分享时说：

图 7.4　“莫比乌斯圈”

数学中的“莫比乌斯圈”原理在生活中有很多应用，一些游乐场的螺旋式滑梯，一些立交桥、道路，这样设计避免了人挤在一起。我看到游乐园中的过山车也宛如一个“莫比乌斯圈”，让过山车在轨道两面通过，这样不会撞在一起。爸爸告诉我，哈萨克斯坦新国家图书馆整个建筑呈向内循环的螺旋造型，这也是一个宏大的“莫比乌斯圈”。

分享能够透过现象看到本质。我们会发现一个规律，学习的是知识，似乎考题说的是生活中常见的现象，那么，你能不能把这些生活现象“看透”，认识到它就是你学过的某个知识的实践应用。为此，我们可以在学习某个知识点后，继续思考与之相关的一些实际生活的应用场景。书本中的知识原理在我们生活中的应用其实无处不在，如果你能“看透”知识和应用的双向过程，将生活中的问题与学习内容结合起来，你就能成功答题。

### 【具体方法 28】困惑分享法：抓住困惑就抓住了关键

越是困惑的地方越要分享。我们每个人都有学得

“吃力”的地方，那么你要抓住这些地方，好好琢磨，这些地方非常值得花一些时间。发现了困难的问题，积极向他人请教并分享自己的想法，让别人知道你是在哪里出了错。但很多同学却做不到这一点。有些同学是对问题重视不够，不求甚解；有的同学是不好意思，怕分享了自己的困惑而被同学瞧不起。抱着如上心态，任何学科都不可能学好。“闭门造车”只会让你的问题积累得越来越多。知识本身是有连贯性的，前面的知识没弄清楚，后面的知识会变得更难理解，当问题积累到一定程度，就会让你对该学科失去兴趣，最终掉队。

一个同学分享了这样一个真实的困惑：

我在写作文的时候非常烦恼，老师告诉我们要写亲身经历、亲眼所见的一些事情，说实际发生过的一些事，这样能写出真情实感。如果写的是假的，老师一看就知道了。我每次写作文就是写真实的事情，写出的作文自己读都觉得没有味道，像白开水。我也看作文书中那些写得非常好的范文，但让我苦恼的是，那些事我并没有碰到。妈妈跟我说作文属于艺术作品，要进行虚构。这下我真不知道该怎么办了。

这个同学分享困惑之后，有相似想法的同学还真不少，但是也有一部分同学对这个问题有自己的想法。杨一同学说："我觉得老师说得对，因为我们现在缺乏经验，如果去虚构一些东西，别人一看就知道是假的，因为缺乏真情实感，所以我认为要写亲身经历。至于你说没有像作文书里的那样精彩的故事，可能是因为观察太少。"张小童同学说："对，观察非常重要，我妈妈就说平时要练就一双发现美的眼睛，当自己会观察事物之后，从细小的事物或事件中就可以提炼很多素材。你可以准备一个素材本，观察到就及时记录下来，不然很容易忘记。"李一男同学说："我觉得你妈妈说的是对的，我写的作文经常被当作范文，你妈妈说的虚构，不是胡编乱造的意思，而是指有一定根据的联想和想象。在写真事的基础上，可以加一些情节上的适当渲染或者借鉴相关素材。当然，其他同学说的多观察也是对的，观察和思考都必不可少。”这个分享困惑的同学记录下了同学们提出的思路。一个学期后，她的作文水平大大提高。她还作为高年级的大姐姐给低年级同学分享写作文的经验。这就是分享的魅力。

分享是一种非常好的学习方法，碰到你认为比较难的题目，可以与同学分享，你就能重新梳理题目并获得同学的建议与反馈，经过自己思考与总结，就能从对方那里学到好的方法和技巧。因此，你有困难的地方，一定要分享。

## 本课总结

分享式学习法的实质指向学生的沟通交流能力。沟通交流的重要性不言而喻。沟通交流不仅能强化记忆，更能帮助我们了解不同领域的知识和技能，拓宽视野和认知，提高能力和竞争力。就某一知识点而言，分享让我们对知识有更深层次的理解。分享不能等长大了再开始，从小学阶段就要注重养成分享的习惯，培养分享的能力。

## 方法工具箱　分享式学习法

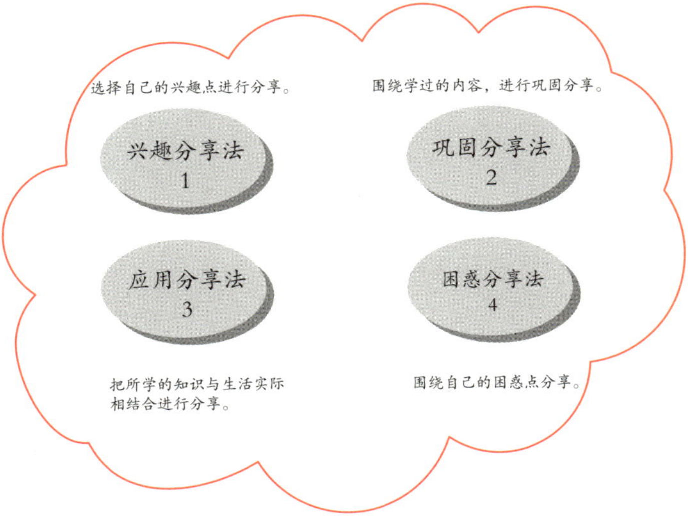

# 第八课
# 任务学习法

任务驱动法

自主探究法

展示评价法

项目任务“护照”法

## 任务学习法

“任务学习法”是一种发挥学习者自主能动性的学习方法。设定任务后，学习者运用已有的知识储备，以合作的方式参与提出问题、解决问题、收获学习成果的全流程。任务学习需要你找到同伴，一般由3~5人组成一个学习小组为最佳。此外，因任务学习法中的“任务”不是一般意义上老师布置的作业，而是实践性较强的项目，故需要邀请至少1名导师。导师既可以是你的老师，也可以是家长，要求导师有相关知识经验，在小组做任务的过程中，特别是在任务推进出现障碍时，能提供诸多指导。

# 任务学习：一种探究式的学习方法

## 任务学习的意义

任务学习的过程本质上是探究学习的过程。心理学家鲁宾斯坦认为：人类的思维始于具有情感理解力的“问题情境”，由“问题情境”激发学习兴趣，并形成寻求问题答案的意图，从而“牵引”学生进一步探索。因此，学习应该首先有需要解决的问题，进而带着问题学习。这种方法使学习者始终对探究问题保持浓厚的兴趣，激发创造欲望，获取知识并形成能力。

## 任务学习与学业提升

试卷中，往往靠后的题目比较难，这是因为最后一题往往是一些解决实际问题的综合题。作为综合题，考查的不是局部知识，而是对很多个章节甚至几个学科知识的综合应用，任务学习法帮助你学会这种综合应用。任务学习法不是紧急恶补知识漏洞的“西药”，它是“细水长流”的素养提升型的学习方式。这个方法仅适合平时使用，如果你马上就要考试了，则不建议使用这种方法。任务学习是带着“任务”去学习，目的非常明确。这种学习克服了知识学习与实践的割裂状况，帮助你不仅“知”，而且体验如何“行”，让你明白如何利用知识解决实际问题。这是课程改革以后考查的重中之重。坚持任务学习，将大大增强你的学习力，让你在学习中如鱼得水，你不妨试一试。

## 学科学习倾向的内容方法指导：任务学习法

任务学习中的任务从哪里来？任务学习首先需要有问题情境，学生根据问题情境完成任务。你可以先围绕自己学习的章节或者更小范围的内容，提出 3~5 个感兴趣的问题，然后把这些问题和老师或同伴进行头脑风暴，留下一个你最想知道的、最有价值的作为你的任务。当然，这个任务你可以分解成几个更小的任务，分派给小组成员，分工合作来完成会更好。

### 【具体方法 29】任务驱动法：确定任务、明确方向

在学科的任务学习中，我们将以小学《道德与法治》教材涉及的“环保”单元为例来呈现真实的学习

过程与方法。

（1）问题情境：首先要了解学生关心的问题是什么，有哪些特别想了解的内容。在收集完这些信息以后，导师可以和孩子交流学科知识的交叉和衔接问题，倾听学生的想法。经过一次次碰撞，一个个有趣的任务就诞生了。以“环保”为例，学生特别想了解：目前的环境污染很严重吗？人们为什么要关注环保？有没有一个无污染的环境？人们应该怎样规范自身的行为？在讨论中，我了解到学生对于环保还是有比较多的生活体验的。他们设想有一些设施本身材料就是环保的，还有一些环保人士致力于环保，于是，建设“未来环保小镇”的新想法就诞生了。

（2）知识铺垫：明确问题之后，导师和学生一起查阅资料，铺垫、引入与本次任务有关的概念、背景、理论知识等。通过导师的讲解，学生建立起一些概念，掌握学习中需要注意的事项。在本次“未来环保小镇”

任务中，导师给学生讲解了“白色污染”“低碳”“温室气体”等概念。学生对这些概念有了初步认识，然后结合生活想象、描述“未来环保小镇”里人们生活学习的场景，并做成模型作品呈现。

（3）制订方案：学生借助电脑、图书或者通过实地走访获取信息、制订每一天的计划。在计划中，小组分工要明确，将每个人具体负责的方面都写下来。小组成员既可以和家长或者导师交流任务实施的可行性，也可以和同年级小组互相交流任务方案，适当的时候，导师给学生提供建议，确保任务顺利进行。在完成“未来环保小镇”任务时，我们小组将计划明确至每一天（见表 8.1），甚至达成小组合作公约。

表 8.1 “未来环保小镇”第五小组工作计划

| 第一天任务 | 第二天任务 | 第三天任务 | 第四天任务 |
|---|---|---|---|
| 1. 讨论小组合作公约（下附）<br>2. 任务介绍<br>3. 学生分组、明确任务（从李一宁开始轮流当组长）<br>4. 分享一个自己参与的有关环保的事情<br>5. 阅读环保相关图书并用自己的语言与同伴分享<br>6. 放学后在社区进行环保实地调研 | 1. 小组交流第一天的收获以及需注意的问题。反思小组合作公约是否做到<br>2. 小组成员汇总第一天实地调研的情况并进行课上汇报<br>3. 查阅资料，阅读关于环保的书籍（可以提前购买）<br>4. 小组讨论“未来环保小镇”整体方案和需要的废旧材料（最好自主多带） | 1. 整理各自准备的材料并说出自己的想法<br>2. 小组开始着手完成“未来环保小镇”的作品<br>3. 小组讨论，如何汇报展示本组作品以及自己的学习收获<br>4. 分组模拟讲解本小组作品<br>5. 邀请其他小组成员给本小组的作品提出意见<br>6. 当天进行小结，关注小组合作公约的落实情况（惩罚措施保密） | 1. 学生现场汇报讲解本小组的作品<br>2. 邀请家长参与学生作品的评价<br>3. 将作品拍成照片发在班级“微信群”<br>4. 推荐除本组以外认为优秀的 3 个小组，并写出推荐理由<br>5. 学生自己总结任务，收获反思<br>6. 进行总结并颁发奖状（可以邀请家长参加） |
| 小组合作公约：<br>1. 小组成员必须全程参与本小组的任务，有特殊原因无法参与的须请假<br>2. 小组成员不能说“凭什么”“关你什么事”等气话，也不得互相指责，有问题要商量解决<br>3. 小组成员在进行自评与互评时要实事求是，不能依据主观喜欢或不喜欢来填写 | | | |

## 【具体方法 30】自主探究法：促进自主、深度思考

学生根据拟定的方案和流程完成任务，每个学生可以根据自身的经验，给出不同的解决方案或策略。对于复杂的问题，自主深入思考后进行小组合作。当然，学生按照方案的步骤开展工作，在实施的过程中，不可避免会遇到一些新的问题，可向导师求助。

### 附：学生做的任务学习记录与思考：

我想：我和张扬以前是好朋友，也是学习上的竞争对手，我们出现过矛盾。当我考第一的时候，她就讽刺我。我看她考得好的时候，我也会挖苦她不好的地方。现在想来，我俩都做得不对，周老师昨天讲的《哈佛家训》里的一个故事“增长你的线的长度”，让我明白了我不是和张扬一个人竞争，如果我们互相帮助，大家就都能有更大的进步，也很快乐，没准还能像张一宁和她的队友那样其乐融融呢！

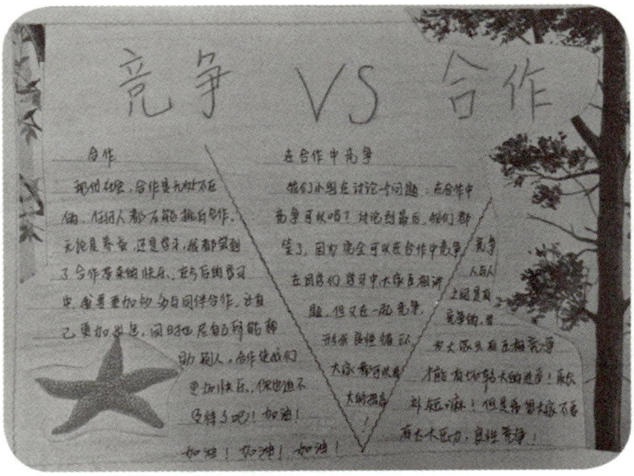


图 8.1　竞争主题画报一

学生记录了自己想法的变化和应该有的竞争方式。还有一些同学以画报（见图 8.1、图 8.2、图 8.3）的形式表达了自己的心声……现实生活中，一些在竞争中失败的孩子，往往会流露出不高兴的情绪，会对获胜的一方充满敌对情绪，表现为不再和对方交朋友，怂恿别的伙伴孤立他，甚至有时候做出不好的事情。这些行为反映出个别孩子还未能积极正确地面对竞争。

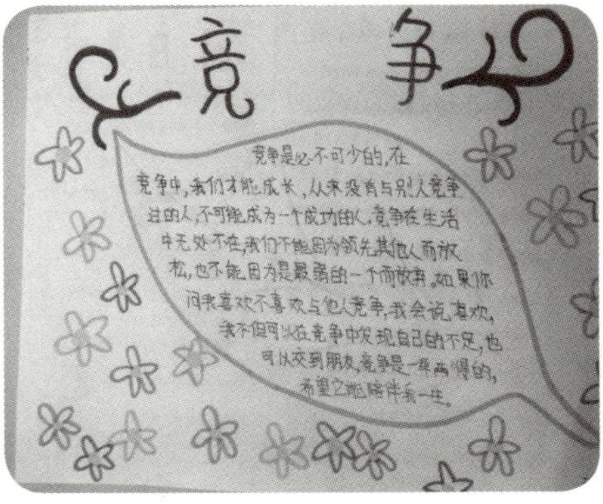


图 8.2　竞争主题画报二

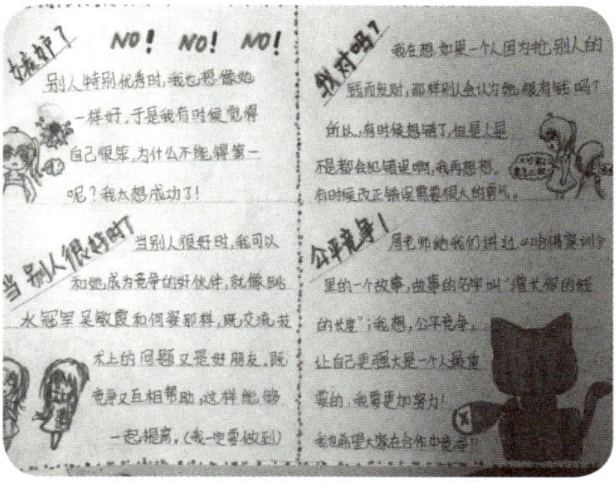


图 8.3 竞争主题画报三

教师在这个过程中要加以引导，提高学生的竞争道德意识，教育孩子在竞争中学会宽容。首先，让他们明白竞争不应该是狭隘的、自私的，竞争者应具有宽广的胸怀。其次，学生通过这样的“任务学习”自省合作与竞争的真正含义。学生思考记录的过程，创设了一个“做”的过程，特别是当矛盾出现的时候，他们认真思考、讨论，重新制定评比规则，大家在修正规则的过程中，也会对竞争有进一步的认识，这样的教育效果是书本学习无法达到的。最后，在学生克服“嫉妒”心理，敞开心扉的时候，教师再启发大家深入思考问题，此时，学生的“悟”是自发的，也是彻底的。

# 综合实践倾向的内容方法指导：任务学习法

## 任务驱动法明确方向的样例——“托马斯”任务

“托马斯”任务，名称源于学生心目中那个可爱的托马斯，因为学生们对于托马斯和小伙伴们的互助友爱的故事记忆犹新。学习中，我们强调任务学习尽量不要“另起炉灶”，对于已学内容，能统筹的要统筹。因此，我们仍可以以学校的课本为重要参考依据，比如在三年级《道德与法治》教材中有“我们的社区”这一章节；三年级美术教材中有“学画逃生线路图”的章节；在数学教材中有“周长面积”的章节；在语文教材中有介绍社区的口语练习。三年级学生对于互助合作有一定了解，但是在现实的合作中往往又矛盾重重。以上这些内容有机整合在一起就诞生了“托马斯”任务（其实具体叫什么名字完全取决于你自己）。

“托马斯”任务具体是要完成一份“社区攻略”。小组成员需要在这份“攻略”上展现6个方面的内容：社区的交通情况、购物场所、社区面积、安全疏散、社区历史人文、社区绿化方面的情况。学生将会带着任务深入社区进行实地统计、调查、访问、探究（见图8.4）。其间，一定会遇到很多的困难和挑战。在真实的情境中，学生更有动力去想办法解决，更有价值的是学生能接触到更多元、更丰富的社区文化，逐渐开

图8.4 “托马斯”任务之实地调研

始思考自己与社区的关系，自己又该如何做一名合格的社区小公民。因此，这可以说是一堂学生的社会认知课。任务实践过程中，学生会在导师的带领下进入社区，测量社区面积；还会设计问题，采访社区的老住户，亲自完成一份采访手记；记录社区的历史、人际关系及文化；考察社区的安全路线，设计社区安全疏散路线图（见图 8.5）……这次任务学习，不仅会运用到学生之前储备的科学知识，还能提高他们合作解

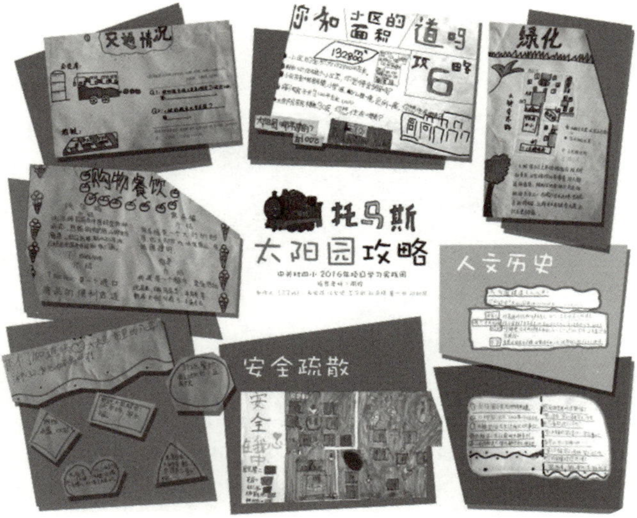


图 8.5　社区攻略成果大展

决冲突等社会情感方面的能力，给孩子的口头、书面表达提供大量的锻炼机会，进一步巩固数学学习中的统计、分类知识，提升他们提出并解决问题的技能。任务结束后，学生会组织一次汇报展示活动，用展览、演讲等形式汇报自己一周的学习成果，也可以印制自己制作的“攻略”发放给社区居民。

## 【具体方法 31】展示评价法：分享交流、改进思考

进行任务学习不是追求学习结果的唯一正确性，评价解决问题的方案的优劣标准并不是“对”或“错”。任务组对学生采用自评、互评、家长评和导师评的方式进行过程性评价，同时导师针对学生出现的问题，尤其是共性问题和重点难题要予以深入分析并帮助学生有效突破。以“托马斯”任务为例，学生可以按照自己的想法分组，分好小组后，小组成员要在组内和大家分享一个关于托马斯的故事和一件自己在社区经

历或者看到的事情，以此作为小组成员之间情感沟通的开始。分享完毕，各小组思考自己小组的合作公约，阅读有关平面图、社区文化的图书资料，准备相关的展板、任务活动记录纸以及填写小组工作表（见表 8.2）。

**表 8.2　小组工作表**

| |
|---|
| 1. 小组名称：____________________<br>2. 完成任务内容：____________________<br>3. 时间：____________________<br>4. 今天，在完成任务的过程中，我们组内成员有不同的想法时，大家是这样表现的：____________________<br>5. 今天，我们小组发生的不愉快的事情是：____________，最终大家是这样解决的：____________________<br>6. 我们小组讨论决定明天改进的合作策略是：____________<br>________________________________ |

自主探究还表现在各小组要带着自己制订好的工作计划，深入社区进行实地测量，了解社区的历史人文及绿化情况，规划小区的安全疏散路线。学生需要亲自到小区实践并真实记录有关情况。要说明的是，每个学习小组都要配备一名导师，导师既可以是老师，

也可以是家长。学生在收集到所有的“数据”之后，开始设计“社区攻略”，并不断修改调整，形成最终的“作品”。

学生完成了这份“社区攻略”之后，任务并没有结束，首先在小组内模拟展示，并进行自我评价（见表8.3），其次在班中进行讲解，小组每个成员都要参与，

**表 8.3 学生自我评价表**

| 项目 | 评价标准 | 0星 | 1星 | 2星 | 3星 |
|---|---|---|---|---|---|
| 作品情况 | 作品记录了自己完成任务的情况。包括起初问题、解决情况、发现的新问题3个方面，每个方面记1颗星 | | | | |
| 讲解情况 | 每个成员都参与讲解；讲解中大方得体；在讲解过程中，能够以充分的理由说明自己完成“任务”的价值。每个方面记1颗星 | | | | |

讲解的过程也是全班同学以及家长进行评价的过程。每个小组都要对其他小组的展示作出评价，评分分为0~3星4个档（见表8.4），最终推选3个自认为优秀

表 8.4 小组同伴评价表

| 项目 | 评价标准 | 0 星 | 1 星 | 2 星 | 3 星 |
|---|---|---|---|---|---|
| 作品情况 | 作品完整地包括了任务要求的交通、购物、社区面积、安全疏散、历史人文、绿化 6 个方面，每个方面记 0.5 颗星，最终四舍五入计算所得星数 | | | | |
| 讲解情况 | 每个成员都参与讲解；讲解中大方得体；在讲解过程中，能够以充分的理由说明这份“攻略”的价值。每个方面记 1 颗星 | | | | |

的小组，并按要求陈述推荐的理由。这个过程非常重要，建议有条件一定要邀请家长参与，家长在尊重孩子的推荐意见的同时，提出一些积极的建议，填写提交家长观察表（见表 8.5）。课后，学生可以自愿将自己制作的“社区攻略”赠给社区。

表 8.5 家长观察表

| |
|---|
| 1. 小组名称：________________________________<br>2. 完成任务内容：____________________________<br>3. 时间：__________________________________<br>4. 今天，小组一共提出了____个问题，他们是如何解决的：___<br>__________________________________________<br>5. 孩子们最精彩表现是：_______________________，<br>我的感想：_________________________________<br>6. 给孩子们的建议：____________________________<br>__________________________________________ |

## 任务“护照”：一种自我反思的“武器”

### 【具体方法 32】项目任务“护照”法：不断反思改进

孩子在任务“护照”中记录成长的密码。在学习活动中，导师引导学生关注学习的过程，特别是对于一些胆小、不自信的学生，更要积极关注他们的学习状况，引导其进行自我评价。比如，一个学生认为自己和别人沟通很难，不会处理问题，而通过本次任务学习中对他人的采访，觉得自己还是可以和别人沟通的，也能解决简单的问题。在这个前后转变的对比中，他会发现自己进步了，并相信今后会比现在做得要更好。这样的自我觉醒能真正促进学生不断提高和健康成长。学生自己设计了课程“护照”，每一个人在护照上可以标注，自己在哪一方面有提高，遇到了什么困难，有什么感受，自己最大的收获是什么，在这次采访中第一次尝试的事情是什么，怎样做可能会更好。

当然，学生可以让同伴、家长、老师或者其他人在自己的“护照”上留言。这种评价方式为导师的引导和调整及时提供反馈信息。在评价过程中，导师通过观察学生学习的态度、兴趣、行为及各种表现，对学生微小的进步及时作出肯定和鼓励，指导学生采取行动。同时，根据反馈的信息，导师可以反思自己的引导是否有助于学生今后的发展，并及时修正自己的行为。

## 自我反思日记及家长留言样例

### 记忆的密码

张小彤：在这次任务学习中，让我最不愉快的事情是我们组长李帆，她让我负责抄写社区攻略。我不想抄，她就说我偷懒。但我不是偷懒，是因为我的字写得还不行，我妈妈天天说我字写得不如楼下的姐姐。我想我精心制作的“大作”是要挂出来的，楼下的姐姐也会看见，我妈妈要是看见了，那不是更要说我字写得不好？所以我就不想抄，不过，我可以干点别的呀！如果让我来当组长，我就不会像她那样命令别人做什么，更不会说别人“偷懒”，因为这样说是没有道理的。我认为我们要跟别人商量，如果有人特别不愿意干某件事情，就应该答应他。不过，周老师和李帆谈完了以后，她不那么说我了，昨天还送了我一个小礼物。希望今后在周老师的帮助下我能把字写得更好。通过这件事情我知道了：说话的时候要想一想，怎样说话才是别人能够接受的，随便下结论会惹得别人不高兴，特别是自己作为组长或者班干部的时候。

## 家长在“护照”上的留言

青青爸爸：我的孩子在这次任务学习中虽然只是一个组员，但我觉得孩子最大的进步不是说掌握了多少知识。我孩子比较内向，不愿意在人多的时候说话，更别说坚持自己的想法了，因此在人群中非常容易被忽视。在这次任务学习中，她不是组长。这是我们意料之中的，但作为组员，她每天也忙得不亦乐乎。她认为学校不应该属于本社区，并坚持自己的想法。我们看出孩子对这件事情很上心，听周老师说为弄清这个疑惑，她还请教了爷爷。

让我们做父母的感到特别惊讶的是，以前我和她妈妈吵架的时候，她从来不理会，当然我们也不希望她参与。但昨天我俩又为一些鸡毛蒜皮的事情争吵时，孩子居然说："你们都别嚷，坐下好好说，我听听你们谁更有理，或者你们自己找理由证明自己是对的。"我和她妈妈两人当时就都笑了，也特别震惊。仔细想想，孩子有如此大改变的原因可能就是老师在解决他们小组矛盾的时候是这样处理的，我想孩子以后再遇到类似的情况，她一定能处理得更好……

## 本课总结

任务学习法的实质指向探究精神。著名的"猴子理论"告诉我们，呵护孩子的探索精神有多重要。探究既是学习的目标，又是学习的方式。探究是学习的必经途径，学生学习需要有多种探究机会，使他们了解科学发展史，体验学习的乐趣，增长科学探究的能力，获取科学知识，形成尊重事实、善于质疑的科学态度。这样，孩子在愉悦的氛围中探索并达到"润物细无声”的学习效果，他们想探究、能探究将是必然趋势。任务学习法正是培养探究精神的有效实践。

## 方法工具箱　任务学习法

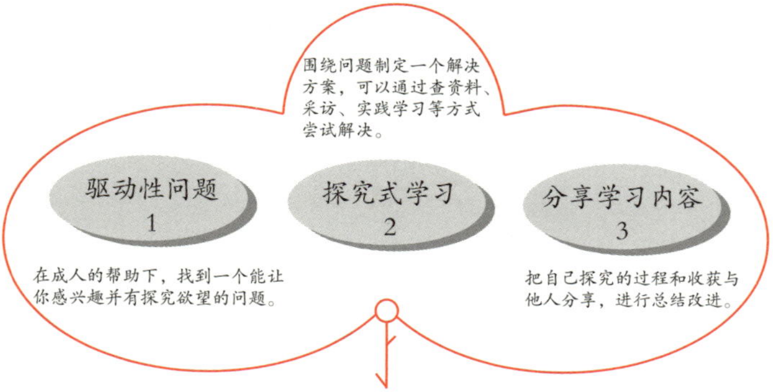

## 后记

# 行走在梦想的路上

20 年前，当小学教师里的全日制本科生还凤毛麟角的时候，我从师范大学毕业，欣然来到北京小学，在校长的关心指导下，我坚定了做一名优秀教师的决心，教学能力有了长足的进步。工作几年，我迅速成长为骨干教师，20 多年的一线教学经历，让我对教育有了新的感悟。

刚上班的那 5 年，一心就想把课上好，经过不断努力和师傅指点，进步非常大。我平时喜欢琢磨问题，也会在遇到具体问题的时候重新翻书。最让我困惑的是：尽管自认为课讲好了，但教育者的要求和家长的期望以及学生的自主状况常常不在一条线上。这就是理论和实际之间的鸿沟，于是我不断思考与探索如何缩小这个鸿沟。

我怀揣两个问题做教育。第一个问题是：教育怎样扎根于孩子内心？第二个问题是：如果存在某种方法能使孩子主动学习，那么，什么样的学习方法是适合孩子的？实践中，我就边做边想，不断钻研。一路走来，我在思想上经历了三个阶段，刚上班前两年，每天忙于各种琐事，根本不看书，我甚至觉得大学四年的学习一点用也没有；过了一段时间，说不清是哪一天，突然有一点顿悟；真正发生变化是在我自己有了孩子以后，在孩子身上发生的很多有趣的事情激发了我对教育的思考，我甚至把琢磨到的各种方法用在儿子身上。就这样，到今天我有了“蓦然回首，那人却在，灯火阑珊处”的美妙感觉，我非常兴奋。我找到了第一个问题的答案，我发现了大家都看见却没有说出来的“问题”。

雷夫·艾斯奎斯（Rafe Esquith）在《第56号教室的奇迹》一书中讲述如何让孩子变成爱学习的人时，将儿童道德发展分为六个阶段，不同阶段中儿童愿意听从师长的话的背后作用力不同。第一阶段：我不想惹麻烦——起作用的是惩罚，孩子因害怕被惩罚而听话；第二阶段：我想要奖赏——靠利益起作用；第三阶段：我想取悦某人——靠魅力起作用；第四阶段：我要遵守规则——靠自律起作用；第五阶段：我能体贴别人——靠仁爱之心起作用；第六阶段：我有自己的行为准则并奉行不悖——靠境界起作用。回顾并反思我20多年的教学，我发现实践中大多孩子停留在道德发展的低阶段。以老师要求学生上课坐好，遵守纪律为例，班里40个同学全都坐好了，但是真正去了解一下学生愿意听从老师的指示并坐得笔直的原因，大多数同学可能并不是认为坐好有利于自己全神贯注听课，而是屈服于老师的"权威"。有时我们似乎习惯了告诉学生如果坐好就可以得到某种小奖励，得到老师的表扬，孩子就奔着得到奖励的目的而执行，他们并不是发自内心认同这个原则。雷夫·艾斯奎斯以上所讲的儿童道德发展六阶段的最高阶段是孩子能发自内心认同别人的建议并自觉践行正确的行为。所以，我们要想让孩子自主，恐怕一味使用“指令”或者“小诱惑”是不行的，用这种低阶段的方法是无法达成高阶段的自主目标的。发现这个问题的那个晚上我兴奋得两点还没睡着觉，似乎自己工作 20 多年就想明白了这一个问题。于是，我思考了第二个问题，什么样的学习方法是适合孩子的？我结合自己 20 多年的专业经验，尝试从一个家长的角度和孩子一起学习到底什么样的方法是他们愿意接受且有效的？我一直默默做着，快乐大于辛劳。

直到我遇到了晴山，当我滔滔不绝地讲述在陪伴孩子学习中领悟与掌握的种种提升孩子学习效率的学习方法时，她在感慨应该让更多人受益的同时，第一时间给予我写作的清晰思路，帮我指点迷津。虽然我做教育这么久，算是“资深教师”，也用专业知识引导自己的孩子，但是，说实话，我自己从来没有想过要以出版一本书的方式将学习方法呈现给更多人。在晴山的引荐下，我结识了张岩老师，张老师表达非常简洁清楚，富有出版经验，在和她一次又一次的沟通中，我受益匪浅。因此，晴山和张老师带着我一路走来，这本书得以和大家见面，没有她们，就没有这本书。在成书的过程中，特别感谢法律出版社的编辑，不厌其烦、极其细致地帮我修改稿件，感激之情难以言表。

写作这本书的过程还是比较顺利的，其实我也没有刻意去写，只是回忆一下曾经尝试也确实有实效的方法并记录下来。在思考如何能够减少孩子上辅导班的时长而通过高效方法获得学业提升的过程中，我忽然间觉得学习其实没有那么难。我也曾经走过一段作为家长的焦虑之路，但如果按照一定的方法循序渐进去学习，根本不用焦虑。希望本书所分享的我多年教学理论与实践的探索经验能让更多的人受益。

曾梦想做一个好老师，让学生在基础扎实的情况下，理解力、感受力、表达能力，甚至批判性思维等都能有所突破；也想成为一个好家长，找寻适合孩子的方式引导其自主学习；而今天的目标是你也能从这本书中获益。人就是这样，不断有自己的梦想并惠及他人，真好！

周 玲

于太阳园